T0157837

Printed in the United States
By Bookmasters

د. صالح الشادي

# مشكلات عربية
# رؤية عامة

**الطبعة الأولى**

**2010 - 2011م**

المملكة الأردنية الهاشمية رقم الإيداع لدى دائرة المكتبة الوطنية (2010/5/1814)

956

سبا، صالح محمد

مشكلات عربية: رؤية عامة / صالح محمد سبا .-عمان: دار مجدلاوي للنشر والتوزيع، 2010

(       ) ص.

1- المؤلف معروف باسم صالح الشادي

ر.إ.: (2010/5/1814 ).

**الواصفات:** المشاكل السياسية//المشاكل الاجتماعية والاقتصادية//البلدان العربية// العرب// التاريخ العربي

* يتحمل المؤلف كامل المسؤولية القانونية عن محتوى مصنفه ولا يعبر هذا المصنف عن رأي دائرة المكتبة الوطنية أو أي جهة حكومية أخرى.

ISBN 978-9957-02-404-8 (ردمك)

**Dar Majdalawi Pub.& Dis.**

Telefax: 5349497 - 5349499

P.O.Box: 1758 Code 11941

Amman- Jordan

**دار مجدلاوي للنشر والتوزيع**

تليفاكس : ٥٣٤٩٤٩٧ - ٥٣٤٩٤٩٩

ص . ب ١٧٥٨ الرمز ١١٩٤١

عمان - الاردن

www.majdalawibooks.com

E-mail: customer@majdalawibooks.com

# فهرست

# مقدمة

(ما نراه في الواقع ليس دائما هو الحقيقة حتى ما نراه رأي العين ونلمسه لمس اليد فنحن نرى الشمس بأعيننا تدور كل يوم حول الأرض، ومع ذلك فالحقيقة أن العكس هو الصحيح، والأرض هي التي تدور حول الشمس.

ونحن نرى القمر في السماء أكبر الكواكب حجما، مع أنه أصغرها حجما. ونحن نلمس الحديد فنشعر بأنه صلب متدامج، مع أنه في الحقيقة عبارة عن ذرات منثورة في فراغ مخلخل، وبين الذرة والذرة كما بين نجوم السماء بعدا.. وما يخيل لنا باللمس أنه صلابة وتدامج هو في الحقيقة قوى الجذب المغناطيسي الكهربائي بين الذرة والذرة.. نحن نلمس القوانين بأصابعنا وليس الحديد.

ونحن ننظر إلى السماء على أنها فوق، والأرض على أنها تحت، مع أنه لا يوجد فوق ولا تحت.. والسماء تحيط بالأرض من كل جوانبها. والهرم بالنسبة لنا شيء لا يمكن اختراقه، مع أنه بالنسبة للأشعة الكونية شفاف كلوح الزجاج، ترى من خلاله وتنفذ من خلاله. وصقيع القطبين الذي نظن أنه غاية في البرودة هو بالنسبة لبرودة أعماق الفضاء جحيم ملتهب.

وفي الحقائق الإنسانية تكذب علينا العين واللسان والأذن أكثر وأكثر.. فالقبلة التي تصورناها في البداية مشروع حب نكتشف في النهاية أنها كانت مشروع سرقة.

وجريمة القتل التي أحس الجميع بأنها ذروة الكراهية يكتشف الجميع أنها ذروة الحب.

وما تكتب عنه الجرائد بالإجماع على أنه بطولة قد يعلم البطل نفسه أنه كان انتحارا

وفي الحقائق الاجتماعية تتعقد الأمور أكثر، ويغرق الحق في شبكة من التزييف تشترك فيها كل الإرادات، ويصبح الحكم على الأمور بظاهرها سذاجة لا حد لها.

وفي الحقائق التاريخية يكتب المؤرخون في كل عصر ومن ورائهم السلطة، وتكتب أقلامهم ما يريد الأقوياء أن يقولوا.

وما أصعب الوصول إلى الحقيقة..

إن الوصول إلى المريخ أسهل من الوصول إلى حقيقة أكيدة عن حياة وردة تتفتح كل يوم عند نافذتك.. بل إن الوصول إلى أبعد نجم في متاهات الفضاء أسهل من الوصول إلى حقيقة ما يهمس في قلب امرأة على بعد شبر منك.

بل إن عقولنا تزين علينا حتى عواطفنا نفسها، فنظن أن حب المجد يدفعنا والحقيقة أنه الغرور وحب الذات.. ونظن أن العدالة هي التي تدفعنا إلى القسوة في حين أن الذي يدفعنا هو الحسد والحقد.

من الذي يستطيع أن يقول.. لقد أدركت الحقيقة؟

من الذي يجرؤ أن يدعي أنه عرف نفسه؟

ليس من باب التواضع أن نقول.. الـلـه أعلم.

وإنما هي الحقيقة الوحيدة الأكيدة في الدنيا ..إننا نجهل كل الجهل حتى ما يجري تحت أسماعنا وأبصارنا

وبرغم جهلنا يتعصب كل فريق لرأي.. وقد تصور كل واحد أنه امتلك الحق، فراح ينصب المشانق والمحارق للآخرين.

ولو أدركنا جهلنا وقدرنا لانفتح باب الرحمة والحب في قلوبنا، ولأصبحت الحياة على الأرض جديرة بأن نحياها.

متى نعرف أننا لا نعرف؟!

كانت تلك رؤية للمفكر الدكتور مصطفى محمود يرحمه الـلـه، لم أجد مقدمة كمثلها لتكون فاتحة الإبتداء في هذا الملف.

صالح الشادي

# الفصل الأول

## المشكلات الاقتصادية

# الباب الأول

## الجفاف والتصحر

تواجه الدول العربية مشكلات مائية عديدة يعزى معظمها لأسباب بيئية وعوامل اجتماعية واقتصادية، فالجزء الأعظم من الوطن العربي البالغ مساحته حوالي **14 مليون كم$^2$** يمتد عبر أقاليم مناخية جافة وشبه جافة، وثمة أجزاء هامة منه تعتبر من أكثر مناطق العالم جفافا. وحتى المناطق شبه الجافة تتعرض لدورات من الجفاف حيث تتوالى السنوات العجاف لفترة قد تمتد لعدة سنوات فتنعكس آثارها على موارد المياه فتزداد المشكلات المائية تعقيدا. ومع تزايد الضغوط البشرية على موارد المياه والتربة تظهر مشكلات التدهور البيئي والتصحر واستنزاف مخزون المياه الجوفية، ومن الوجهة الاجتماعية **تشهد المنطقة العربية نموا سكانيا سريعا أدى إلى تناقص حاد في نصيب الفرد من الموارد المائية المتاحة وهي موارد** محدودة في مختلف أرجاء الوطن العربي، حيث انخفض نصيب الفرد على المستوى العربي من حوالي 2200 م3 في السنة إلى أقل من 1000 م3 خلال الربع الأخير من القرن الحالي.

**ومع تزايد الطلب على الماء وتدني نصيب الفرد من الموارد المائية العذبة أصبحت الحاجة ماسة** لتوفير إمدادات مائية جديدة لسد النقص المتمثل باختلال معادلة الموارد والطلب على المستوى المحلي والوطني. وبما أن **الوديان تشكل الوحدات المائية الأساسية في المناطق الجافة وشبه الجافة**، فإن تنمية الموارد المائية المتجددة في أحواضها واستخدامها على الوجه الأمثل يشكل أحد الحلول الناجعة

11

لتحسين الوضع المائي في الدول العربية. ولاشك أن جدوى وكفاءة استخدام الموارد المائية في الوديان يتوقف على درجة المعرفة عن العمليات الهيدرولوجية وعلى المعطيات والمعلومات التي يمكن أن تتوفر عن هذه الأودية الموسمية وخاصة أنظمة الهطول المطري والجريان السطحي والعلاقة بينهما.

و "الوادي" مصطلح هيدرولوجي عريق في العالم العربي دخل حديثا في قاموس المصطلحات الهيدرولوجية على المستوى العالمي. ويستخدم حاليا على نطاق واسع في العلوم الهيدرولوجية وخاصة في الدراسات الهيدرولوجية للمناطق الجافة وشبه الجافة. وبالرغم من أهمية الموارد المائية لأنظمة الوديان بالنسبة لسكان الوطن العربي فإن الفيضانات الجامحة في الوديان تشكل خطرا على المجتمعات الريفية التي تستفيد من مياهها نظرا لأنها تمارس جل نشاطها في مواقع مجاورة لمسارات الوديان الرئيسية أو روافدها، وينجم الضرر غالبا من فيضانات مفاجئة تسببها عواصف مطرية عالية الشدة وقصيرة الأمد يصعب التكهن مسبقا عن مكان وزمان حدوثها.[1]

## حالة التصحر في الوطن العربي

إن التصحر ظاهرة قديمة قدم التاريخ، ولم تشكل هذه الظاهرة سابقا، خطرا يهدد حياة الناس، وذلك لتوفر التوازن البيئي الطبيعي آنذاك، ولكن وبسبب مجموعة من العوامل، سنذكرها لاحقا، بدأ التوازن البيئي الطبيعي يعاني من خلال سوء استثمار الموارد الطبيعية، وإلى حد أقل بكثير بسبب التغيرات الطبيعية التي طرأت على الظروف المناخية .

وفي الآونة الأخيرة، وخاصة خلال فترة ما بعد الثمانينات، بدأت ظاهرة التصحر بالتفاقم وتعاظمت أثارها السلبية على كافة الأصعدة، البيئة، الاجتماعية،

---

[1] الشبكة العربية لهدرولوجيا المياه، تقرير جامعة الدول العربية، القاهرة .

الاقتصادية، والسبب في ذلك يعود بشكل أساسي إلى الزيادة الكبيرة لعدد السكان، وزيادة الطلب على الغذاء، التوسع العمراني على حساب الأراضي الزراعية والتوسع والتكثيف غير المرشد في استثمار الأراضي، وإلى غير ذلك من جوانب الضغط على موارد الأراضي .

## أسباب التصحر :

يمكن أن تعزى ظاهرة التصحر إلى مجموعتين من الأسباب:

### أولا أسباب ناتجة عن الظروف الطبيعية :

يقصد بالأسباب الطبيعية، التغيرات المناخية التي حصلت خلال فترات زمنية مختلفة، سواء تلك التي حصلت خلال العصور الجيولوجية القديمة والتي أدت إلى ظهور وتشكل الصحاري التي غطت مساحات واسعة مثل الصحراء الكبرى في أفريقيا، والربع الخالي في الجزيرة العربية، وعلى الرغم من أن نشوء وتكوين هذه الصحاري قد اكتمل منذ فترات زمنية بعيدة، إلا أن تأثيرها لازال قائما على المناطق المجاورة .

أما التغيرات المناخية الحديثة، يقصد بها تلك التي حدثت في الماضي القريب من حوالي عشرة آلاف سنة، والتي لعبت دورا مهما في عملية التصحر وتكوين الكثبان الرملية، علما أن هذه التغيرات المناخية الحديثة لم تكن سلبية في جميع المناطق، بل في بعض المناطق كان التغير إيجابيا، ويعتقد الآن أنه هناك فترة من الجفاف تسود في المنطقة العربية حيث تتصف بالتالي :

- تكرار فترات الجفاف .
- التباين الكبير في كمية الهطول السنوي وتوزعه .
- سيادة الرياح القارية الجافة على الرياح البحرية .
- الفرق الكبير في المدى الحراري اليومي .

**ثانيا أسباب ناتجة عن النشاط الإنساني :**

يمكن أن تعود هذه الأسباب إلى الزيادة الكبيرة في عدد السكان، والتي رافقها زيادة في الاستهلاك وكذلك التطور الاقتصادي والاجتماعي، أدى ذلك إلى زيادة الطلب على المنتجات الزراعية، هذه العوامل دفعت الإنسان إلى زيادة استغلاله للموارد الطبيعية والتي جاء في غالب الأحيان بشكل غير مرشد، إضافة لذلك فقد بدأ نشاط الإنسان مؤخرا يمتد إلى المناطق الهامشية ذات النظام البيئي غير المستقر والهش. ومن أسباب التدهور نجد :

- تدهور الغطاء النباتي: بسبب الاستثمار غير المناسب. مثل الرعي الجائر، قطع الأشجار والشجيرات. مما أدى إلى تدهور الغطاء النباتي، وخاصة في مناطق المراعي، وقد بلغت نسبة التدهور في أراضي المراعي على سبيل المثال في سورية والأردن حوالي 90% وهذا ينطبق على حالة الغابات أيضا فمثلا خسرت لبنان 60% من أشجارها الغابية خلال الأيام الثلاثة الأولى من الحرب العالمية الثانية، وعموما خسرت الدول العربية أكثر من 11% من غاباتها خلال الثمانينات فقط .

- تدهور الأراضي: يأخذ تدهور الأراضي أشكالا متعددة منها التدهور بفعل التعرية الريحية أو المائية أو كليهما معا، التدهور الفيزيائي والكيميائي والحيوي، وكل ذلك يعود إلى الطرق الخاطئة في إدارة موارد الأراضي، فعلى سبيل المثال، تقدر كمية التربة التي يتم خسارتها سنويا بالتعرية المائية حوالي 200 طن/هـ في المناطق الجبلية في الأردن وتقدر المساحة المتأثرة بالتعرية المائية في سورية بحوالي 1058000/هكتار .

- خسارة التربة الزراعية: تتعرض التربة الزراعية الخصبة، وخاصة حول المدن إلى الزحف العمراني، مما يترتب على ذلك خسارة مساحات كبيرة منها، وهذا الزحف يأخذ أشكالا متعددة منها، أبنية سكنية، منشآت صناعية، بنى تحتية.. إلى غير ذلك، ونتيجة لذلك فقد خسرت لبنان خلال الأعوام 1960-1980 حوالي 20 ألف هكتار من تربها الزراعية للاستعمالات الحضرية، إضافة لذلك، فإن عمليات

الري غير المرشدة أدت إلى خسارة مساحات واسعة في كثير من المناطق الزراعية المروية وهناك

أيضا العامل الاجتماعي .

وكنتيجة لما سبق يمكن أن نميز مجموعة من عمليات التدهور أو التصحر، والتي يمكن أن تتطور

في منطقة ما، حسب ظروف المنطقة المعنية، ومن أهم عمليات التصحر نذكر باختصار ما يلي :

1- التدهور بفعل التعرية الريحية .

2- التدهور بفعل التعرية المائية .

3- التدهور الفيزيائي .

4- التدهور الكيميائي .

5- التدهور الحيوي.


## مكافحة التصحر:

إن ظاهرة التصحر قديمة قدم التاريخ، وتفاقمها في العقود الأخيرة من القرن الماضي كان بسبب

غياب التوازن البيئي الطبيعي بين عناصر البيئة المختلفة. وذلك نتيجة للاستثمار الجائر وغير المرشد للموارد

الطبيعية حتى وصلت الأمور إلى مرحلة الخطر، وفي بعض الأحيان تجاوزتها .

أمام هذا الواقع، كان لابد من أن تدرك الجهات المعنية خطورة الموقف والقيام باتخاذ الإجراءات

والوسائل الكفيلة بالحد من هذه الظاهرة والوصول في مرحلة متقدمة إلى إيقافها، مع إيلاء المناطق التي

تدهورت الأهمية الكافية لإعادة تأهيلها .

بطبيعة الحال لم تنشأ ظاهرة التصحر دفعة واحدة، بل كان ظهورها بهذا الحجم نتيجة لتراكمات

التعامل غير المناسب مع الموارد الطبيعية خلال فترة طويلة من الزمن وبالتالي فإن معالجة هذه المشكلة

يحتاج إلى وقت طويل، ولا توجد حلول سريعة لها، لكن يجب البدء باتخاذ الإجراءات الأولية التي تحد من

تسارع هذه

الظاهرة، ومن ثم وضع الخطط اللازمة لمكافحتها على المدى البعيد .

ومن المبادئ الأساسية التي يمكن الاسترشاد بها لوضع خطط عمل لمكافحة التصحر، وذلك حسب المؤتمرات الدولية المعنية بذلك :

- استخدام المعارف العلمية المتاحة وتطبيقها، خاصة في تنفيذ الإجراءات الإصلاحية العاجلة لمقاومة التصحر، وتوعية الناس والمجتمعات المتأثرة بالتصحر .
- التعاون مع كافة الجهات المعنية بذلك، على الصعيد المحلي، القطري، الإقليمي والدولي .
- تحسين وترشيد استخدام الموارد الطبيعية بما يضمن استدامتها ومردودية مناسبة آخذين بعين الاعتبار إمكانيات وقوع فترات جفاف في بعض المناطق أكثر من المعتاد عليها .
- القيام بإجراءات متكاملة لاستخدام الأراضي، بحيث تضمن إعادة تأهيل الغطاء النباتي، وخاصة للمناطق الهامشية، مع الاستفادة بشكل خاص من الأنواع النباتية المتأقلمة مع البيئة .
- يجب أن تكون خطة عمل مكافحة التصحر، عبارة عن برنامج عمل لمعالجة مشكلة التصحر من كافة جوانبها .
- يفترض أن تهدف الإجراءات المتخذة إلى تحسين ظروف معيشة السكان المحليين المتأثرين بالتصحر، وإيجاد الوسائل البديلة التي تضمن عدم لجوء هؤلاء السكان إلى تأمين حاجاتها بطرق تساهم في عملية التصحر .
- على الجهات المعنية بهذا الشأن إصدار القوانين الخاصة بحماية الموارد الطبيعية بأنواعها المختلفة، وتطبيق هذه القوانين بشكل فعال وجاد .
- اعتبار السكان المحليين جزء هام من مشروع مكافحة التصحر، وتوعيتهم وإشراكهم في هذا المشروع منذ البداية، وتكوين الاستعداد عندهم للعمل في المشروع والدفاع عنه، لأنه من المعروف أنهم هم الهدف النهائي لمكافحة

التصحر، وذلك من أجل تحسين ظروفهم المعيشية، هـذا يرتـب عـلى الجهـات العاملـة في مكافحـة التصحر تأمين حاجات تلك المجتمعات بالشكل المناسب والذي يضـمن عـدم عـودتهم إلى الاسـتغلال الجائر أحيانا لبعض الموارد الطبيعية. [1]

[1] حسن حبيب، التصحر والدور المنشود للأفراد، ورقة عمل، الندوة الثانية لجمعيات المكتبات في بلاد الشام 19 حزيران 2001 م.

# الباب الثاني
## البطالة والتضخم

بات واضحا مع بداية القرن الحادي والعشرين، أن سياسات إفقار الريف وما تبعها من هجـرة إلى المدن والحواضر العربية، وسياسة التحضر السريع التي لم ترافقها صناعة كبـيرة ومتقدمة ولا قطاع خـدمي متطور، قد أفرزت ضمن إفرازاتها السلبية بطالة يزداد حجمها بوتائر متسارعة جعلتها عاملا مؤثرا يزيد مـن تأزم الوضع السياسي العربي ويساهم في تعقيد الوضع الثقـافي وخلخلة البنـاء الاجتماعـي الاقتصـادي. ومن الجلي أن البطالة العربية لا تقتصر ـ على فقـراء المـدن والنـازحين مـن الأريـاف والـدواخل وضـحايا الـزلازل والفيضانات والحروب، ولا على أعداد واسعة من أبنـاء وبنات الطبقـات الشـعبية الأقـل حظـا، وربمـا علـما وخبرة، فحسب. ومن الجلي أيضا أنه لا يمكن اختزال تلك البطالة في كونها موسمية أو عابرة أو طارئـة، فقـد أصبحت تمثل أزمة حقيقية تعاني منها المجتمعات العربية قاطبة، غنية كانت أم فقيرة، وأن تلـك البطالة إن لم تكن صارخة وصريحة في بعض المجتمعات، فهي مقنعة تختفي داخل المؤسسـات والشـركات الحكوميـة العربية وتتكدس في القطاع الخدمي غير المنتج في عدة أقطار.

والأكثر من ذلك، فإن البطالة العربية اليوم امتـدت لتشـمل حتـى القطاعـات المتعلمة والمثقفـة، وحاملي الشهادات العليا والمتوسطة، وأصبحت بذلك تمثل شبحا يهدد بخطر الانفجار الاجتماعي والسياسي. ويؤكد الكاتب المصري "محمد حسنين هيكل" هذه الحالة بإعطاء فكرة مختصرة عن جزء من الواقع المصري المعاصر،

فيقول "إن في مصر مليونا وثمانمائة ألف عاطل من خريجي الجامعات والمعاهد العليا والمتوسطة، ومعنى ذلك أن البطالة تعصر كتلة من أهم الكتل البشرية في مصر، فهي كتلة تعلمت وتهيأت للعمل في بلد يعتبر التعليم فيه وسيلة وحيدة للصعود الاجتماعي".

ولا تقتصر هذه الحالة بالطبع على مصر وحدها، إذ لا يكاد يخلو مجتمع عربي واحد من وجودها وتأزمها، حتى ولو اختلفت وتباينت الأرقام. وهي في كل الأحوال تمثل مصدرا للقلق الاجتماعي والسياسي لا يمكن تفاديه في ظل استمرار السياسات الحالية، يقول هيكل عن ذلك، "فهذه ليست البطالة المقنعة التي عرفناها من قبل، وهذه ليست بطالة الريف الذي يستطيع فائضه البشري أن يسعى لرزقه على الأرض السمراء وفي الحقول الخضراء، وإنما هي بطالة مدركة واعية، قابلة لأن تتحول إلى شحنة غضب عارم". ويقول واصفا جزءا من تلك الآثار، "ولكم أن تتمثلوا حالة أسرة مصرية عادية في الريف أو في الحضر صرفت دم قلبها، كما يقولون، على تعليم شاب أو شابة، راجية وآملة أن يتحول الابن أو البنت إلى مشارك في دخل الأسرة معين على مشاق الحياة.

ثم إذا هذا الشاب أو الشابة - وقد فرغ من كل مراحل التعليم - يعود إلى الأسرة في الريف أو في الحضر مكسورا ومحبطا، لا شيء يقدمه إلى هؤلاء الذين تحملوه وصبروا عليه، وأخطر من ذلك لا شيء عنده يعينه على بناء حياة مستقلة تمكنه من إنشاء أسرة جديدة تحتها أرض وفوقها سقف، ولديها أمل يوحي إلى غد أفضل، ولها نصيب في الحق الإنساني المشروع لكل مواطن في دخول دائرة الإنتاج، والمشاركة في حقوق الخدمات من الصحة وحتى الثقافة". إن ركود الاقتصاديات العربية وتشوهها وعطبها في بعض الأقطار، يمثل العامل الأساسي في بروز هذه البطالة على تلك الشاكلة والدرجة.

فالبطالة في المجتمعات العربية، تعتبر بالتأكيد إهدارا لطاقات النمو وتشكل تهديدا حقيقيا لإنجازات التنمية بوجه عام، وتمثل مؤشرا سلبيا يدل على تضعضع

السلم الاجتماعي الضروري لكل تقدم وتطور إيجابي. والبطالة هنا ليست مسألة خاصة بالفرد العربي الذي لا يتحصل على عمل فحسب، بل تمتد آثارها وتنعكس على بقية أفراد المجتمع مباشرة، إذ أن الفرد الواحد من القوى العاملة العربية يعول أكبر عدد من أعضاء أسرته مقارنة مع مثيله في باقي دول العالم.

وتبين تجربة أكثر من أربعة عقود من الزمان أن تجارب "التحديث" العربي الذي تبنته قوى اجتماعية وسياسية مختلفة، وتجارب "التطور اللا رأسمالي" المزعوم الذي تبنته قيادات سياسية عربية مختلفة أيضا، قد أخفقت كلها في إيجاد حل جذري لهذه الظاهرة البنيوية المزمنة والحادة والتي تهدد بانفجار الأوضاع الاجتماعية والسياسية العربية في أية لحظة وأي مكان. ولتأكيد هذا الاستنتاج وتوثيقه تمكن العودة إلى لغة الأرقام والإحصاءات العربية والدولية. فالتقرير الصادر عن "البنك الدولي" أواخر عام 1995، يبين أن المنطقة العربية قد سجلت أسوء نسبة للبطالة في العالم، وأن العمال العرب دفعوا ثمنا فادحا للفشل الذي أدى إلى تدني القيمة الحقيقية للأجور وتضخم البطالة وتحطم الآمال.

ويؤكد هذا التقرير أيضا أن زيادة حدة اللا مساواة الاجتماعية والاقتصادية، وانخفاض الأجور وثباتها على ما هي عليه لسنوات طويلة في حالات عدة، وفقدان العديد من الأفراد لعملهم، سيضع هذه المنطقة على "حافة سكين" نتيجة سياسات "الإصلاح" الارتجالية الخرقاء، وندرة الاستثمارات، وانخفاض الإنتاجية العربية، وهروب رأس المال، وعطب خطط التعليم والتأهل والتكوين لجميع الناس، وإهمال الزراعة والمزارع العائلية، وشيخوخة المهارات العمالية، وفقدان وغياب خطط تعويض العمال المتضررين، وتقهقر موارد "القطاع العام"، والارتفاع السريع في عرض العمل العالمي، إضافة بالطبع إلى "التحضر-والتحديث" السريع، كل ذلك وفقا لما يذكره التقرير، سيؤدى إلى زيادة حدة الفقر، ويبشر بهشاشة مستقبل المنطقة، وينذر بنتائج وخيمة وسيئة تعبر عن نفسها في حدوث اضطراب اجتماعي وسياسي كبير.

وتجزم تقارير "منظمة العمل العربية" و"البنك الدولي" والأرقام التي يوردها المختصون بما لا يقبل الشك بخطورة حالة تضخم البطالة العربية ومساهمتها في تأزم الأوضاع مع نهاية هذا القرن.

ففي تقرير صادر عن "منظمة العمل العربية" في القاهرة في مطلع عام 1997، عبرت الأرقام عن هشاشة الأوضاع الاقتصادية العربية عموما وعن هول حجم البطالة خصوصا. ويؤكد التقرير في هذا الشأن ضرورة توفير (25 مليون) فرصة عمل سنويا وحتى عام 2000 في البلدان العربية مجتمعة لمواجهة مشكلة البطالة التي تعيق التنمية في هذه المنطقة. وإذا كان هذا التقرير يقدر حجم القوى العاملة العربية عام 1997 بنحو 80 مليون عامل، ويتوقع أن يصل هذا الرقم إلى 99 مليون عامل عام 2000، وربما سيصل إلى 133 مليون عامل عام 2010، فهو في نفس الوقت يعترف بأن إضافة 2.5 مليون فرصة عمل سنويا لا يحل مشكلة البطالة التي قدر معدلها بنحو 14% حتى مطلع عام 1997، ولكن ذلك وفي أحسن الأحوال سيبقيها عند مستواها الحالي. أما خبراء البنك الدولي، فيؤكدون أن البلدان العربية ستكون في حاجة إلى إيجاد ما يزيد عن 45 مليون وظيفة أو منصب عمل حتى عام 2010. وعلى صعيد توزيع معدلات البطالة بالنسبة للأقطار العربية المختلفة، فإن أوساطا في "البنك الدولي" تتداول أرقاما تتحدث عن حاجة بلدان مغاربية ثلاثة وهي المغرب والجزائر وتونس إلى توفير ما لا يقل عن 15 مليون وظيفة أو منصب شغل جديد خلال العقد الأول من القرن المقبل في وقت سيصل فيه عدد سكان هذه المنطقة المذكورة إلى نمو100 مليون نسمة.

وفي تقرير حديث آخر "للبنك الدولي"، تحذير من اضطرا بات اجتماعية في المنطقة العربية نتيجة تهديد البطالة للملايين من العمال العرب، وتبرز لنا أرقام أخرى في هذا التقرير حجم هذه الظاهرة وما تسببه من مخاطر حاضرة ومستقبلية، فقد شهدت المنطقة العربية عام 1996 أعلى معدلات البطالة في العالم، إذ تبلغ معدلات البطالة في الجزائر والأردن والضفة الغربية وقطاع غزة واليمن ولبنان

حوالي 20 في المائة مقارنة مع نسبة 15 في المائة في مصر والمغرب وتونس.

وفي تقرير آخر عن فلسطين المحتلة صدر عام 1997 ترتفع الأرقام الخاصة بالضفة الغربية وقطاع غزة التي ذكرها تقرير البنك الدولي الذي أشرنا إليه سالفا إلى مستويات مهولة، فيقول إن البطالة حتى أبريل عام 1997 وصلت إلى 70% في قطاع غزة وإلى 51% في الضفة الغربية نتيجة السياسات القهرية للاحتلال الإسرائيلي.

لكن المسألة لا تقتصر على البلدان العربية الفقيرة ومحدودة الدخل أو كثيرة السكان، "فمنظمة العمل العربية" في تقريرها المشار إليه سالفا، لا تستثني أي قطر عربي من رداءة الوضع وزيادة حجم البطالة والبحث عن فرص عمل، حتى ولو كان ذاك القطر غنيا أو قليل السكان أو ذو مداخيل مالية - نفطية ضخمة. فالتقرير يقول صراحة، إن البلدان العربية المنتجة للنفط، مطالبة في ظل المتغيرات السياسية والاقتصادية والإقليمية الراهنة بتوفير ما يزيد على 300 ألف فرصة عمل جديدة سنويا، بعد أن كانت تلك الأقطار سابقا غير مهددة بشبح البطالة.

والأكثر من ذلك هو أن تلك الأرقام والنسب المذكورة سالفا عن البطالة وعن البحث عن وظائف ومناصب عمل، هي أرقام ونسب ترصد البطالة بشكلها العام، لكنها لا تذهب إلى رصد البطالة العربية على مستوى العاطلين عن العمل من حجم القوة العاملة نفسها، أي رصد الذين كانوا محسوبين على القوى العاملة في الأصل ثم تم تسريحهم أو ألغيت وظائفهم أو فقدوا عملهم. وفي هذا الصدد تقول إحصائيات "البنك الدولي" إن نسبة العمال العرب الذين أصبحوا عاطلين عن العمل "بفضل سياسات الحكومات" العربية الاقتصادية، وصلت إلى 106 في المائة من حجم القوى العاملة العربية، يؤكد ذلك أيضا "مكتب العمل العربي" في أحد تقارير المعاصرة والذي يقول فيه أن كل عامل عربي فقد وظيفته وأصبح عاطلا عن العمل، يعول في المتوسط 3.4 مواطن عربي.

ومن جانب آخر، فإن البطالة تقود بلا شك إلى الفقر في إحدى افرازاتها، وهنا تشير إحدى الإحصائيات إلى ارتفاع معدلات الفقر بشكل متسارع في عدد من البلدان

العربية. ويعتمد أغلبية الفقراء على الاستقرار في المدن حيث معظم أفراد الأسرة عاطلون على العمل ويشكون من الأمية التي تمنعهم من الحصول على وظائف متواضعة. ففي مصر على سبيل المثال وليس الحصر، ارتفعت نسبة السكان الذين يعيشون تحت خط الفقر (30 دولار للشخص الواحد) بحدود 20 في المائة بين الأعوام 1985 و1990، واستمرت هذه النسبة بالارتفاع لأن الطلب على اليد العاملة بقي ضعيفا، فيما جرى خفض الدعم الاستهلاكي من قبل الدولة.

كما تصاعدت نسبة الفقر في الأردن خلال الفترة نفسها ثلاثة مرات، أما بلدان عربية أخرى مثل السودان والصومال وجيبوتي وموريتانيا واليمن، فإن حالات البطالة والفقر المفعم لا يختلف على تشخيصها اثنان. فتلك البلدان، إضافة إلى رداءة مخططات وسياسات الحكومات الانقلابية فيها، تعاني من الجفاف والقحط وغزوات الجراد الصحراوي والحروب الأهلية الطاحنة.

فالسودان وهو ضمن قائمة هذه البلدان، نزح فيه ما يفوق مليون من البشر من منازلهم بسبب الفيضانات، وأكثر من مليون فقدوا أرواحهم بسبب كارثة الحرب الأهلية المستمرة، وأكثر من مليون اضطروا إلى الفرار من مزارعهم وأراضيهم ومراعيهم تجاه الخرطوم وأم درمان لقلة الغذاء واضطراب الأمن والأمان، إضافة إلى النازحين من مخيمات الجنوب والذين قدر عددهم بمليون ونصف مواطن تكدسوا في مخيمات شمال العاصمة وحولها، ناهيك عن أعداد اللاجئين من البلدان المجاورة للسودان مثل إثيوبيا وأوغندا وزائير، وبالطبع أن كل تلك الملايين مجرد إعداد هائلة من البطالة المشردة. وتؤكد مصادر سودانية معارضة، أنه يوجد خارج السودان نحو 6 مليون مواطن كانوا قد فروا من قسوة حكم "جبهة الإنقاذ" ومن هول المجاعة والفقر. أما الصومال، وبإجماع المراقبين، يعاني غالبية شعبه ليس من البطالة وفقدان العمل فحسب بل من الفاقة والعوز والجوع الذي تجاوز فعليا حدود الفقر نتيجة هول الحرب الأهلية الدائرة فيه والتي جعلته بلدا تحكمه ثلاث حكومات في آن واحد.

وعموما فإن الكوارث وبعض السياسات، قد أدت إلى شبه توقف في الإنتاج

الزراعي، وإحباط الصناعة، وتقليل حجم الصادرات، وإلحاق أضرار فادحة بشبكات النقل والمـواصلات، بل حتى أن الإيصالات الهاتفية داخل عواصمها باتت شبه ملغية، فما بالك عن البطالة والفقر والجوع الـذي يصـل إلى حد الموت. وحتى في البلدان العربية النفطية بدأت تظهر مؤشرات عـلى ارتفـاع معـدلات البطالة والفقـر منـذ مطلع التسعينات، على الرغم من عدم الاعتراف بذلك رسميا[1].

## الخريجون والبطالة

وهذه المشكلة تواجهها الدول العربية بشكل عـام وهـي تكـاد تنشر ـ مخالبها لتغطي مسـاحات واسعة من الوطن العربي يخشى من استفحالها لتصبح في النهاية آفة تنخر جسد الإنسان .

فالشهادة والتخرج هاجسـان يسـعى الشباب لتحقيقها أمـلا في مسـتقبل مشرق زاخر بالأمـاني والأحلام للانخراط في مؤسسات المجتمع المدني والبناء الفاعـل للحضـارة التـي تمثـل كـل دولـة بالإضافة إلى تحقيق الذات التي نعيش جميعا من اجل الوصول بها إلى مراتب عالية ومكانة أفضل ..

يمضي الشباب فترة دراستهم في جد وكفاح من اجل التخرج ليجدون أنفسهم بعـدها متسكعين في الطرقات العامة أو المقاهي بانتظار فرص العمل التي قد لا تأتي بعد أعوام يهيم خلالها الشاب عـلى وجهـه ويعيش حالات الفراغ التي تؤدي به إلى انحرافات عدة يحاسبه عليها القانون ومن ثم المجتمع .

إضافة للفقر والعوز والمضي خلف سراب الغد والانتكاسات النفسية التي تؤدي أحيانا إلى الانتحـار لدى بعض منهم لشعور هم بالفشل وإحساسهم بعدم أهميتهم في المجتمـع مـما أدى بالكثيرين منـهم إلى الهجرة والبحث عن فرص العمل خارج حدود البلاد. كما نقل ميدل ايست اونلاين على الانترنت.

---

[1] فتحي البعجة، صحيفة ليبيا اليوم، 8 مايو 2006م .

فانتظار التعيين من أهم المعضلات والصعوبات التي يمر به الشاب فقد ينتظر أعواما دون أن يحظى بفرصة عمل تخرجه من الضياع الذي وجد نفسه فيه.. وتعتبر نسب البطالة في صفوف الشباب العربي هي الأعلى عالميا، وهي مرشحة للتصاعد في الكثير من الحالات. فالمعدل بالنسبة للدول العربية هو 25% طبقا لبيانات الأمم المتحدة، أما في بعض البلدان فهي تصل أحيانا إلى 40 %.[1]

## الخبراء يحذرون من البطالة

في العام 2005 حذر خبراء اقتصاديون ورجال أعمال عرب وأجانب في منتدى اقتصادي عقد في الدوحة من البطالة التي تتصاعد أرقامها في العالم العربي معتبرين أن الظاهرة تشكل "قنبلة موقوتة" قد تنفجر في حال لم تتم المسارعة الى إصلاح اقتصادي جذري

وقد خصص المشاركون في ندوة نظمها "المنتدى الاقتصادي العالمي" السبت في الدوحة حول التنافسية العربية، جلسة بعنوان "البطالة قنبلة موقوتة" لدراسة مشكلة البطالة في العالم العربي بناء على "تقرير التنافسية العربية 2005" الذي أشار الى أن "مجموع 80 مليون موطن شغل يجب على الدول العربية خلقها من ألان الى سنة 2020 للمحافظة على المستوى الحالي للبطالة."

ورأت جنيفر بلانكي، كبيرة الاقتصاديين في المنتدى الاقتصادي العالمي أن "البطالة تشكل بالفعل قنبلة موقوتة في العالم العربي" مضيفة أن "العالم العربي لن يتمكن من مواجهة التزايد المستمر لمعدلات البطالة بدون تغييرات جذرية" في اقتصادياته.

من جانبه اعتبر رئيس مجلس الأعمال العربي شفيق الجبر ما جاء في التقرير "جرس إنذار يدعو الى الاستيقاظ من السبات" موضحا أن "نسبة البطالة

---

[1] جريدة الوطن الأحد 24 شعبان 1427 هـ 17 سبتمبر 2006 م .

العربية تتراوح اليوم ما بين15% و30%."

وأكد الجبر أن "التحدي الحقيقي هو التوصل الى خلق معدل 4% من الوظائف سنويا على مدى الـ15 عشر عاما المقبلة" ملاحظا أن ذلك "لم يحصل أبدا" في الماضي.

ورغم انه يرى بان "البطالة هي اخطر مشكلة يواجهها العالم العربي في السنوات المقبلة" يعتقد كبير الاقتصاديين للشرق الأوسط وشمال أفريقيا في البنك الدولي مصطفى النابلي أن "المواجهة الناجحة لهذه الآفة تظل ممكنة بشروط" أهمها اعتماد إصلاح اقتصادي جذري في البلدان العربية.

وتعتقد بلانكي من جانبها انه "لا تزال هناك فرصة سانحة لمعالجة الأمر" لكنها تحذر من انه "إذا انتظرت القيادات السياسية العربية طويلا فسوف يكون هناك احتمال قوي لتململ شعبي."

وطالب شفيق الجبر المجتمعات العربية "بان تبتدع أسلوبا جديدا للتفكير يبتعد عن الأسلوب التقليدي" مناديا "بجذب التكنولوجيا وتوطينها مع تطوير التعليم " كشروط لمواجهة البطالة. وقال أن "رد الفعل العربي حول التقرير الأول الذي صدر حول الموضوع في سنة 2002 لم يكن بالفاعلية المطلوبة."

وفي حين يرى النابلي أن "التصدي العاجل لمشكلة البطالة هو الذي سيحرك الإصلاح السياسي في البلاد العربية والعكس صحيح" قال نائب رئيس مجلس الأعمال العربي خالد عبد الله الجهاني انه "لا يوجد ارتباط بين إحلال الديموقراطية والتنمية."

ويستدل الجهاني على ما يطرحه بان "اكبر نسب النمو الاقتصادي نراها في الهند والصين وسنغافورة ودبي" ملاحظا انه "في ما عدا الهند لا يمكن اعتبار بقية البلاد المذكورة ديموقراطية."

وسارع الجهاني الى توضيح أن ذلك "لا يعني أنني ضد الإصلاح الديموقراطي في المنطقة لكن الأولوية للإصلاح الاقتصادي وبالتالي لخلق 80 مليون

فرصة عمل لكي لا تنهار الديموقراطيات الناشئة."

وتتوزع أعلى أرقام البطالة العربية على الدول ذات الكثافة الديموغرافية العالية وتتصدر مصر والجزائر والمغرب وسوريا قائمة الدول التي يشملها التحدي حسب ما أفاد الدكتور طارق يوسف أستاذ الاقتصاد في جامعة جورج تاون.

وأوضح يوسف الذي أجرى دراسة مفصلة حول الموضوع انه اعتمد "مقاييس علمية منها النمو الديموغرافي والتركيبة السكانية والعمرية للدول العربية."

غير أن "تقرير التنافسية العربية 2005" الذي يعد أول محاولة منهجية لقياس وتقييم الأداء الاقتصادي في الدول العربية تم من خلاله تصنيف اقتصاديات 12 دولة عربية من حيث قدرتها التنافسية، كشف أن "المشهد في العالم العربي يبدو مشوبا بالغموض على المدى القصير."

وأضاف التقرير الذي شارك في إعداده فريق من كبار الأكاديميين والمختصين أن مسيرة النمو في العالم العربي تتباطأ منذ فترة الثمانينات "على الرغم من أن هذه المنطقة تشهد أعلى معدلات للاستثمار في العالم" ما لا يدع مجالا واسعا للتفاؤل بالمستقبل.[1]

---

[1] فيصل بعطوط، ميدل ايست أون لاين، 2005/4/5م .

# الباب الثالث

# التقنية

وسنوات القرن الحادي والعشرين تتوالى مسرعة لايزال العالم العربي والإسلامي، من خلال مثقفيه،
يطرح على نفسه التساؤلات عينها التي كانت مطروحة في الربع الأخير من القرن التاسع عشر الميلادي.

العالم العربي الذي كان مع محيطه الإسلامي الأوسع مركز الحضارة والأكثر تقدما في القرون الأربعة
التي تلت الفتح الإسلامي، بدأ يتأخر في بطء حتى القرن السابع عشر ـ ثم في سرعة حتى أصبح هامشيا
بالنسبة إلى تطور الحضارة العالمية ماديا وفكريا.


## أسلافنا والعصر الذهبي

لقد شهدت الحضارة الإسلامية عصرا ذهبيا كان فيه للمسلمين قوة لا تقف في وجهها قوة، كان
فيه العالم العربي الإسلامي وريثا للحضارات السابقة ومطورا لها. فقد كانت الرياضيات فيه، في الغالب الأعم،
عربية والطب عربيا، وكذلك علم الفلك، وعلم الفيزياء، وعلم الكيمياء، ومعظم الفلسفة... حتى أن البيروني
- أحد عباقرة المسلمين في القرن العاشر الميلادي والذي وصفه المستشرق الألماني سخاو بعد إطلاعه على
مؤلفاته بأنه أعظم عقلية عرفها التاريخ - كان هذا العبقري يقول : إن الهجو بالعربية أحب إلي من المدح
بالفارسية .

ذلك العصر الذهبي أوجد لدى المسلمين شعورا مشروعا بالانتماء إلى تراث

غاب كليا منذ أكثر من ثلاثة قرون وصار إنتاج المسلمين في مجالات العلم والتقنية، وحتى في مجال الفكر، محدودا إن لم نقل معدوما.

ومع بداية الاحتكاك بالغرب في بداية القرن التاسع عشر بدا واضحا أن العالم العربي والإسلامي صار هامشيا في مجالات شتى اللهم إلا بعض الأسماء النادرة، والتي برزت في الغرب ومن خلال مؤسساته وهيئاته العلمية. والعلم وتطبيقاته الفنية [التقنية] واحدا من هذه المجالات التي أصبح العالم العربي الإسلامي فيها هامشيا..

لقد كان أسلافنا سابقين في ميادين العلوم المختلفة فقد نقلوا المعارف والعلوم المختلفة عن غيرهم من الأمم وأخضعوها لمقاييس عقيدتهم بعقل متفتح وقلب بصير وهم بذلك لم يكونوا مجرد ناقلين منقادين بل استخدموا عقولهم وحكموا منطقهم وخاضوا غمار التجربة فأثروا المعرفة الإنسانية ومهدوا السبيل لتقدم العلوم وازدهار الحضارة.

يقول الدكتور علي عبد الله الدفاع في كتابه 'إسهام علماء المسلمين في الرياضيات: 'وجه المسلمون عنايتهم للأنشطة الذهنية منذ الأيام الأولى للإسلام بادئين بالعلوم العلمية كالرياضيات والفلك .

ولقد كان هناك أساس ديني لحاجة المسلمين للرياضيات والفلك، فبالوسائل الهندسية يمكن تحديد اتجاه القبلة التي يولون وجوههم شطرها في صلواتهم اليومية، كما أن المسلمين كانوا في حاجة إلى علمي الحساب والجبر لحساب المواريث والفرائض، وليعلموا عدد الأيام والسنين، وبالفلك يمكن للمسلمين تحديد غرة شهر رمضان المعظم شهر الصيام، وكذلك تحديد الأيام الهامة الأخرى ذات الصبغة الدينية.

من هذا المنطلق برز أسلافنا في علوم الفلك والرياضيات والطب والكيمياء والفيزياء وما حققوه من انجازات في هذه المجالات كانت هي الأساس الذي قام عليه التقدم العظيم الذي عرفته هذه العلوم في أوربا ثم في أمريكا.

لقد وجه أسلافنا عنايتهم إلى إعادة دراسة الكتب العلمية القديمة لدى الشعوب المختلفة وعملوا على تصحيح الكثير منها وتنقيحه وإضافة مكتشفاتهم الخاصة.

## محنة العلم في بلادنا

من المتعارف عليه بين مؤرخي الفترة الحديثة أن النهضة العلمية في العالم العربي والإسلامي تعود إلى أوائل القرن التاسع عشر وأن أجلى مظاهر هذه النهضة تلتمس في حركات الإصلاح في الأزهر وفي التعديلات الأساسية التي أدخلت على النظام التعليمي في أواسط القرن قبل الماضي تحت تأثير موجة التغريب وتأسيس المدارس التبشيرية الأجنبية.

وقد أنشئت مجالس ومراكز للبحث العلمي تحول بعضها إلى مؤسسات وهيئات مما يشير إلى أن النهضة العلمية الحديثة في العالم العربي الإسلامي عريقة، على الأقل من حيث تاريخ بدايتها.

ومؤخرا أصدرت منظمة العمل العربية تقريرا متميزا وفريدا بعنوان البحث العلمي بين العرب والكيان الصهيوني وهجرة الكفاءات العربية.

كشف التقرير حقائق مذهلة ومرعبة عن الفجوة التكنولوجية والعلمية بين العرب والكيان الصهيوني والتي تجسد تفوقا علميا وتكنولوجيا صهيونيا ساحقا إلى درجة أن التقرير العربي أوصى بضرورة زيادة المخصصات المالية العربية لأغراض البحث والتطوير العلمي إلى 11 ضعفا عن موازناتها الراهنة حتى يمكن للعرب الاقتراب من سد الفجوة العلمية مع الكيان الصهيوني.

ومن أبرز الحقائق التي كشف عنها تقرير منظمة العمل العربية عن الفجوة العلمية والتكنولوجية بين العرب والكيان الصهيوني ما يلي:

- معدل الإنفاق العربي على البحث العلمي لا يزيد عن اثنين في الألف سنويا من الدخل القومي، في حين أنه يبلغ في الكيان الصهيوني 1.8 في المائة .

- نصيب المواطن العربي من الإنفاق على التعليم لا يتجاوز 340 دولارا سنويا، في حين يصل في الكيان الصهيوني إلى 2500 دولار سنويا.

- في حين يأتي الكيان الصهيوني في المرتبة رقم 23 في دليل التنمية البشرية على مستوى العالم والذي يقيس مستويات الدخل والتعليم والصحة، فإن مصر ـ تحتل المرتبة رقم 199 [طبقا لتقرير عام 2002]، وسوريا تحتل المرتبة 111 والأردن المرتبة 92 ولبنان المرتبة 82 وهي الدول العربية المحيطة بالكيان الصهيوني [أو دول الطوق]

- أما في استخدام الحاسب الآلي ففي حين يوجد في الكيان الصهيوني 217 جهاز حاسب آلي لكل ألف شخص، يوجد في مصر 9 أجهزة فقط لكل ألف شخص، وفي الأردن 52 جهازا و39 جهازا في لبنان.

وكشف التقرير أن مصر وحدها فقدت 450 ألف عالم وباحث ومتخصص من أفضل الكفاءات العلمية بهجرتهم إلى الغرب، وأن نسبة العقول العربية تزيد بين العلماء والتكنولوجيين في أميركا وكندا على 2%.

وفي تقديرنا، فإن هذه الفجوة العلمية والتكنولوجية بين العرب والكيان الصهيوني هي التي أدت إلى هذا الخلل الاستراتيجي الخطير في موازين القوى في المنطقة لمصلحة الصهاينة، وجعلها قادرة على تحدي العرب كافة وجعلهم في موقع الهزيمة وهو ما يفسر في أحد جوانبه عجز العرب عن دحر عدوهم على مدى أكثر من نصف قرن بسبب استمرار حالة التخلف العلمي العربي، التي جعلت الكثرة العددية العربية غير قادرة على تحقيق التفوق للعرب في صراعهم مع الكيان الصهيوني، وجعل الكيان الصهيوني يتفوق رغم القلة العددية السكانية في مواجهة العرب، لامتلاكه تفوقا نوعيا في القدرات البشرية والإمكانات العلمية انعكست تفوقا استراتيجيا في القدرات العسكرية والصناعية والتكنولوجية.

وفي تقديرنا، فإن هذا التفوق العلمي والتكنولوجي الصهيوني النوعي المدعوم أميركيا يوفر للكيان الصهيوني فرصا متعاظمة لفرض هيمنته الإقليمية على

منطقة الشرق الأوسط، كما يساعدها على التشدد في مفاوضات التسوية مع العرب، ويدفعه إلى التطلع دائما لفرض تسويات سياسية بالشروط والإملاءات التي يريدها.

إن فشل العرب في معارك التنمية والنهضة العلمية والتكنولوجية على مدى أكثر من نصف قرن كان عاملا مركزيا وراء سلسلة الانكسارات والاحباطات العربية في الصراع مع الكيان الصهيوني. وفي المستقبل المنظور، لا توجد إمكانية لتعديل هذا الخلل الاستراتيجي في غياب جهود عربية حقيقية ومتسارعة لسد هذه الفجوة العلمية والتكنولوجية أمام الكيان الصهيوني. فإحدى أكبر المشكلات التي تواجه المستقبل العربي وتهدده باستمرار هي أوضاع التخلف والعجز والتدهور التنموي والاقتصادي والإخفاق العلمي والتكنولوجي، واستمرار ظاهرة نزيف الأدمغة، أو هجرة العلماء العرب إلى الخارج وخاصة إلى الغرب الأوروبي والأميركي.

## أسباب تخلفنا العلمي والتقني

ولكن ثمة سؤال يفرض نفسه هو: لماذا لم تثمر حتى اليوم هذه النهضة العلمية في مؤسساتنا وهيئاتنا ثمرتها المرجوة برغم ما يزيد على القرنين على هذه النهضة؟

هل السبب موقف ديننا الإسلامي من العلم؟ أم هو نظامنا التربوي والتعليمي؟ أم هو الضياع والقلق الذي يشل الإبداع والتفكير العلمي؟

لنحاول مناقشة هذه التساؤلات لنتبين ماهو السبب الحقيقي في تخلفنا العلمي والتقني؟

ولنبدأ بموقف الإسلام من العلم والعلماء .

لقد بات من المسلم به لدى مفكري الشرق والغرب على السواء أن الحضارة العربية الإسلامية والتي قامت دعائمها على أسس من الدين الإسلامي قد أولت العلم

اهتماما وشأنا لا ينازعه أي نشاط آخر في المجتمع الإسلامي، وليس من نافلة الحديث القول إن العلم احتل مكانة في الحضارة الإسلامية تعادل مكانة العبادات.

فالعلم صفة من صفات الله تعالى، وطلب العلم عبادة، والعلماء ورثة الأنبياء، والعلم جهاد، والانصراف للعلم فضيلة لا أعظم ولا أشرف منها، وأهل العلم أعلى شأنا من أصحاب السلطان، وأثرهم أبعد منهم في توجيه الجماعة .

إن القرآن الكريم والأحاديث النبوية، وما أثر عن السلف، وما يروى من الوقائع، كلها تشير إلى ما للعلم وأهله من مكانة مرموقة في المجتمع الإسلامي، منذ نشأة هذا المجتمع نفسه، والشواهد التاريخية على ذلك تكاد لا تحصى وقد شهد بذلك أساطين الفكر الغربي والفكر الشرقي على السواء... فهل نحن اليوم أوفياء لموقف ديننا الإسلامي من العلم والعلماء؟

والواقع إن نظرة المجتمع العربي الإسلامي الحديث للعلم والعلماء نظرة تقدير وإجلال ولكنها نظرة ما تزال فردية لا جماعية، فالأفراد يبذلون في سخاء من أجل تعليم أولادهم، غير أنهم لا ينفقون بمثل هذا السخاء على المؤسسات والهيئات العلمية والمشاريع البحثية مما يدل على أن الوعي العلمي في مجتمعنا الإسلامي ما يزال سطحيا لا يتعدى حدود المصالحة الفردية، بل إن الاتجاه السائد في مجتمعنا هو أن إنشاء الجامعات والهيئات العلمية من شئون الدولة فهي التي ترعاها وتوجه سياستها مما يجعلها لا تتمتع بالاستقلال التام والحرية وما يعرقل مسارها من نظم بيروقراطية تسيطر على مجتمعنا العربي الإسلامي.

فكان يجب علينا أن نحصر دور الدولة في تقديم الأوقاف والهبات لهذه المؤسسات دون التدخل في توجيهها. وما تاريخ الأزهر عنا ببعيد يوم أن كانت له أوقافه وممتلكاته مما يجعل لبعض شيوخه الحق في عزل الحاكم أو توليته.

أما عن مؤسساتنا العلمية والتربوية فالدارس لتاريخنا الحديث والمعاصر يرى أن النظريات العلمية والفلسفات التربوية مأخوذة بلا تبديل أو تحوير يذكر من الفكر الغربي.

فمن المحزن أن نقول إنه لا يوجد لـدينا حتى الآن نظريـات علميـة أوتربويـة نابعـة مـن تراثنـا وفكرنا. إن البحث العلمي في المنطقة العربية الإسلامية يعاني من مشاكل عديدة تعود إلى عدد من العوامـل أدت بالنهاية إلى نتاج فكري منخفض إن لم يكن منعدما وهذه العوامل منها ما هو عام كالعوامل السياسية والاجتماعية والثقافية والاقتصادية، ومنها ما هو خاص كضعف التكوين العلمي والثقافي للباحث، أو سيطرة الاعتبارات الشخصية على علا قات البحث العلمي، أو عدم وجود جزاءات رادعة عن السرقات العلمية.

## الكيان الصهيوني مصدرا للإنجازات العلمية

من المخجل والمحزن أن يصبح الكيان الصهيوني قـوة إنتـاج علمـي ومصـدرا للإنجـازات العلميـة التقنية. فعلى سبيل المثال زادت صادرات الكيان الصهيوني من المنتجات الإلكترونية مـن حـوالي مليـار دولار أمريكي في عام 1986 إلى قرابة الستة مليارات دولار أمريكي في عام 1999 وبلغ حجـم الإنفاق علـى التعليم من الناتج القومي الإجمالي عند الصهاينة 6,6% عـام 1999 في حـين بلغ في العام نفسـه 5.3 % بالولايات المتحدة الأمريكية و3.8% باليابان و3.7 بجمهورية كوريا و2.8% بالصين وقد بلغ النـاتج المحلـى الإجمـالي في العام نفسه 91965 مليون دولار في الكيان الصهيوني و6952020 بليـون دولار بالولايات المتحـدة الأمريكيـة و5108540 مليون دولار باليابان و455476 مليون دولار بجمهورية كوريا و143669 مليون دولار في الصين. ويدل ذلك على أن إنتاجية البشر في الكيان الصهيوني شديدة الارتفاع بالمقارنة بمحيطها العربي.

ويلاحظ أن نصيب الإنفاق على التعليم مـن النـاتج القومي الإجـمالي في معظم البلـدان العربيـة ارتفع بدرجة ملحوظة بين عامي 1980 و1985 على حين كان أدنى في عام 1995 منه في عام 1980 فقـد بلغ الإنفاق العام على التعليم من الناتج القومي

في مصر على سبيل المثال 5.7% عام 1980 وانخفض إلى 5.6% عام 1995 وفي المغـرب 6.1% عـام 1980 وانخفض إلى 5.6 % عام 1995.

إن التنمية الشاملة لأية دولة تتوقف على عناصر ثلاثة : أولها الوعي بمشكلة التخلف وأبعادهـا، وثانيها الوعي بضرورة القضاء على مشكلة التخلف والتخلص منها، وثالثها الوعي بضرورة القضاء على ظاهرة التخلف. وقد أدرك الصهاينة حتى قبل قيام الدولة أهمية هـذه العناصر الثلاثة مـما جعلهـم ينشطون في تأسيس المنشآت العلمية البحثية وينتجون كـما متجددا مـن العلـم والمعلومات والمعرفة. وبلغت نسـبة العلماء- والتقنيين عندهم 76 لكل 10000 شخص عام 2000 لذا فإنهم يتمتعون بعدد يفوق غيرهم كثيرا في نشر البحوث في مجالات العلوم الطبيعية والهندسـة الوراثيـة والمجـالات البيولوجيـة عمومـا، مـما أسـهم في إيجاد بيئة علمية اعترفوا فيها بالباحث المتفرغ كعضو في المجتمع له دوره المهم [1].

**فجوة التقنية**

على الرغم من النمو الكبير الذي يشهده مجال الاستثمار في تكنولوجيا المعلومات في العالم العربي والذي يقدره الخبراء ما بين 10 و15 مليار دولار إلا انه لا يـزال هناك الكثير مـن الفرص الضـائعة التي لم تدخل بعد إلى قائمة اهتمام رجال الأعمال العرب لأسباب من أهمها افتقارهم للخبرة وقلـة وعـي عملائهـم بأهميتها وقضايا حقوق الملكية وضعف البنية التحتيه.

ويرى مراقبون أن الأبواب التي فتحها المستثمرون العرب في هذا العالم لا تـزال بحاجـة إلى تطـوير وخبرات كبيرة لتنتقل من مرحلة التجريب والوجاهه إلى الاحتراف والتنافس.

[1] محمد سيد بركة، هل ندع الغد يصنع بدوننا ؟ مفكرة الإسلام 23 ربيع الثاني 1427هـ – 21 مايو 2006م

في ظل العولمة الكونية وتكنولوجيا المعلومات والاتصالات تحول العالم إلى قرية صغيرة، ويبدو كأنه في سباق محموم مع الزمن، بعد أن أصبحت التكنولوجيا أهم رموز الحضارة الحديثة في الألفية الثالثة.وهو الأمر الذي دفع دول العالم المتقدم إلى تكثيف الاستثمار في التكنولوجيات الحديثة باعتبارها من أهم عوامل التقدم.. وإذا كان هذا هو الحال في العالم، فإن الدول العربية لا تزال تخطو خطوات بطيئة في تنمية استثمارات المعلومات والاتصالات والتي لا تتعدى أكثر من 15 مليار دولار على مستوى الدول العربية، وهي استثمارات ضئيلة للغاية لا تتناسب مع حجم الدول العربية وثرواتها، ولا يتوقف معوقات الاستثمار عند هذا الحد فإن الأمية التي تمثل 60% من نسبة السكان في بعض الدول العربية تعد من أهم معوقات الاستثمار، تُرى هل تنهض الدول العربية من غفوتها الطويلة وتضع استراتيجية واضحة المعالم للاستثمار في مجال تكنولوجيا المعلومات والاتصالات؟ وهل تتحقق الأحلام من خلال قفزة نوعية من خلال منظومة عربية موحدة!؟.

في دراسة حديثة للمنظمة العربية للتنمية الإدارية التابعة لجامعة الدول العربية، أعدها د.محمد محمود العلوجي[1]، أكدت أنه على الرغم من تزايد الإنفاق في الوطن العربي على نظم تكنولوجيا المعلومات لتحقيق ميزة تنافسية في أسواقها، فإن العائد عن ذلك أقل كثيرا من حجم الإنفاق، على الرغم مما تشكله تكنولوجيا المعلومات من أهمية كبرى كأحد أهم أعمدة منظمات الأعمال الحديثة.

ويشير د.العلوجي إلى إنه على الرغم من اندفاع كثير من منظمات الأعمال العربية والمؤسسات العامة والخاصة نحو الاستثمار في مجال تكنولوجيا المعلومات,فإن ذلك يفتقر إلى البيانات الدقيقة حول حجم الاستثمار على الرغم من ضخامته، ولا توجد أيضا تقديرات يعتمد عليها لحجم العوائد الاقتصادية والمنافع الاستراتيجية القابلة للتحقيق من الاستثمارات.

---

[1] الأستاذ المساعد بقسم العلوم المالية بكلية الاقتصاد بجامعة اليرموك .

ويضيف ان هناك العديد مـن العقبـات والمشـكلات التـي تواجـه الاسـتثمار في مجـال تكنولوجيـا المعلومات في الوطن العربي منها أن هذا الاستثمار يتطلب رأسمالا كبيرا لا يقدر عليه العديـد مـن مـنظمات الأعمال الصغيرة والمتوسطة، وأيضا فشل العديد من المستثمرين في التحقق ومراقبة وحمايـة حقـوق ملكيـة الأصول غير الملموسة.وكذا فإنه من معوقـات الاسـتثمار في تكنولوجيـا المعلومـات أن هنـاك فجـوة كبـيرة في الوطن العربي بين طموحات المنظمات وبين تأهيل المـوظفين تقنيـا، أي أن هنـاك عـدم وعـي بأهميـة هـذه الاستثمارات لدى القائمين عليها وعدم توافر المهارات التي يستلزمها هذا الاستثمار.

## ثورة تكنولوجية

يؤكد د. شريف كامل شاهين[1] أن العالم الآن يشهد ثورة كبيرة وتغييرا جـذريا أحدثتـه المعلومـات والمعرفة، وأدى ذلك إلى أن تصبح المعلومات سلعة المجتمعات التي تحـرص عـلى مواكبـة تطـورات السـاحة العالمية في مجال تخزين واسترجاع المعلومات، ولكـن الواضـح الآن أن هـذا التمييـز الـذي هـو سـمة الـدول المتقدمة في مجال تكنولوجيا المعلومات، أصبح دلـيلا قويـا وواضـحا تسـتند إليـه الـدول المتقدمـة للتفرقـة الرقمية بين المجتمعات. ويقول د.شاهين انه قبل البحـث في الاسـتثمار وفي هـذا المجـال يجـب أن نعـرف أن البنية التحتية لهذه الاستثمارات هي التي يجب أن تهتم بها الحكومات في العـالم العـربي، فكثـير مـن الـدول العربية حتى الآن لا تملك الإمكانات التي تؤهلها لجذب الاستثمارات الأجنبية إليها للاستثمار في هـذا المجـال المهـم، وأيضـا التضـامن العـربي ووضـع الاسـتراتيجيات المشـتركة أسـاس مهـم لجـذب هـذه الاسـتثمارات. وللحكومات دور مهـم جـدا فهـي التـي تقـوم بوضـع وتنفيـذ الاسـتراتيجيات الالكترونيـة الوطنيـة الشـاملة والمستدامة والتي تستشرف آفاق

[1] أستاذ علم المعلومات بجامعة القاهرة .

المستقبل، وعلى القطاع الخاص أيضا أن يقوم بتطوير ونشر تكنولوجيا المعلومات والاتصالات، فهو ليس مجرد طرف فاعل في السوق ولكن له دور أساس في إطار التنمية المستدامة .

## تسويق المعلومات

ويؤكد د.حمدي عبدالعظيم[1] أن حجم الاستثمارات في مجال تكنولوجيا المعلومات لايزال قليلا والدول العربية مازالت في بداية مرحلة الاهتمام بها، وينتج عن ذلك أن معدل التغطية بالنسبة إلى السكان مقارنة بالدول المتقدمة وأيضا النامية في شرق آسيا مازال ضعيفا جدا، وهذا لا يعنى التخلف التام للدول العربية ولكن نجد هناك دولا استطاعت أن تضع قدمها على الطريق الصحيح فيما يتعلق بالاستثمار في مجال المعلومات.

ويستلزم التوسع في حجم الاستثمارات التكنولوجية في الوطن العربي التوسع في مجال استخدام هذه التكنولوجيا في الأعمال المالية والإدارية وشبكات الربط بين الإدارات المركزية والوزارات والمحافظات، والاهتمام بهذا الاستخدام عن طريق زيادة عدد مشتركي الانترنت والخدمات والاتصالات الدولية التي تغطي حوالي 0.5 % من عدد السكان بالنسبة إلى مصر و0.1 % بالنسبة إلى الدول العربية مجتمعة، وهذا الرقم ضئيل جدا بالنسبة لعدد السكان في العالم العربي.

وأما عن حجم هذه الاستثمارات التكنولوجية فإنه لا توجد إحصائيات ثابتة حول هذا الموضوع، ولكن حسب التقديرات الأخيرة فإن هذا الحجم يتراوح بين 10 إلى 15 مليار دولار وهو معدل منخفض بالمقارنة ببقية دول العالم.لذا فإن استخدامات الحكومة الالكترونية وتطبيقاتها من الأشياء الواجب الاهتمام بها لزيادة حجم الاستثمارات في مجال المعلومات، فهناك دول مثل السعودية والامارات

---

[1] أستاذ الاقتصاد والرئيس السابق لأكاديمية السادات .

والكويت، استطاعت أن تطبق مبادئ الحكومة الألكترونية ولكنها لاتـزال في بدايـة الطريـق ولم تطبق بالكامل بعد حتى تغطي كل السكان.

أما د.أسامة محمود [1] فيرى أن عملية الاستثمار في مجـال تكنولوجيـا المعلومـات تواجـه صعوبة شديدة وهـي مشكلة تسويق المعلومـات في العـالم العربي، وذلك لأن سـوق استهلاك المعرفة وخدمات المعلومات مازالت محدودة للغاية في العالم العربي، والسبب الرئيس لـذلك هـو أن الطلـب علـى المعلومات وخدماتها قليل للغاية، فهناك أجيال عربية لا تتعامل مع تكنولوجيا المعلومات الرقمية، ناهيـك عـن ضعف البنية الأساسية للاتصالات في بعض المجتمعات العربية، وأيضا العادات الاجتماعية التى تبعد الإنسان العربي عن القراءة أو البحث في الإنترنت، بالإضافة إلى تدني دخل الشباب العربي في كثير مـن المجتمعـات العربيـة وأيضا الأمية التي تصل نسبتها إلى 60 % في بعض الدول العربية.ويؤكد د.محمود أن أمية المعرفة في الـوطن العربي تقف عائقا أمام الاستثمارات في مجال المعرفة، هـذا بالإضـافة إلى أنـه لا يوجد نمـط موحد لسياسـة تستعير خدمات المعلومات على عكس ما هو متبع في الكثير من السلع ففـي خـدمات المعلومـات لا يوجـد هامش أو متوسط للسعر، وإنما يعتمد ذلك أساسا على الظروف الاقتصادية والاجتماعية.

والمطلوب الآن لدعم هـذه الاستثمارات هـو الإسراع بإدخـال مفـردات عـن تسويق اقتصاديات المعلومات في برامج وأقسام المعلومات العربية سيوفر لنا جيلا قادمـا مـن المتخصصين في هـذا المجـال، ممـا يجعله حافزا كبيرا لجذب الاستثمارات الأجنبية الى المنطقة العربية التي تعد في أمس الحاجة إليه الآن.

ويشير أحد مدراء التسويق بشركة «جواب دوت كوم» انه على الرغم مـن النمـو الكبـير في مجـال الاستثمار في تكنولوجيا المعلومات وخصوصا الاستثمار في الإنترنت في العالم العربي، فإنه لايـزال هنـاك الكثـير من الفرص لاقتناصها فهناك

---
[1] أستاذ علم المعلومات بجامعة القاهرة .

العديد من مجالات الاستثمار لم تدخل بعد في مجال الإنترنت، أما المجالات التي دخلت في مجـال الإنترنت، فكثير منها لا يزال يفتقد الخبرة اللازمة لإدارة عملها على الإنترنت بشكل فعال، فجميـع الدراسـات التي أجريت على الوطن العربي في الفترة الأخيرة، تؤكد أن أعداد مستخدمي الإنترنت في العالم العربي سـوف يتضاعف بشكل كبير في السنوات القليلة القادمة[1].

---

[1] يسري الهواري، فجوة التقنية في العالم العربي، مجلة المجلة، 2005/11/30

# الباب الرابع

# الفقر

## عولمة الفقر

إن النظام العالمي الجديد الذي جاء ليدعم مفاهيم الديمقراطية وحقوق الإنسان واستقر في ظله مبدأ التدخل الإنساني، جاء أيضا ليشهد اتساع مساحة الفقر في العالم، الأمر الذي يضع علامات استفهام كبيرة حول البنود الرئيسية التي تتضمنها أجندة النظام العالمي الجديد، إذ أنه لا يمكن الوفاء في ظل تصاعد موجة الفقر بالحاجات الأساسية لنسبة كبيرة من سكان العالم المعاصر.

في هذا الإطار تشير الإحصاءات التابعة للأمم المتحدة إلى أن عدد الدول الفقيرة تصاعد بشكل مذهل خلال العقود الثلاثة الأخيرة. ففي العام 1971م كان عدد الدول الفقيرة يبلغ (25) دولة، ارتفع إلى48 دولة في مطلع التسعينات، ثم تجاوز (63) دولة خلال العام 2000م، وإن نصف سكان العالم الذي يبلغ حاليا نحو (6) بلايين نسمة (كان هذا العدد ثلاث بلايين فقط العام 1950م) يعيشون على أقل من دولار أميركي واحد للفرد يوميا، بينما يعيش نحو (1.2) بليون شخص على دولار واحد في اليوم.

وتؤكد الإحصاءات الخاصة بالمنظمات الدولية أن مشكلة الفقر بلغت حدا خطيرا خلال السنوات القليلة الماضية، إذ تشير آخر الإحصاءات الصادرة عن منظمة الأغذية والزراعة التابعة لمنظمة الأمم المتحدة إلى أن هناك حوالي (830) مليون شخص على مستوى العالم يشكلون ما نسبته نحو (14) في المائة من سكان العالم انحدرت بهم الحال من الفقر إلى حافة الجوع.

وبالنظر إلى عجز المجتمع الدولي عن مواجهة هذه الأوضاع المتدهورة عاما بعد عـام، فإنه مـن المتوقع أن يتضاعف عدد السكان الذين يقبعون تحت خط الفقر خلال الـ25 عامـا المقبلـة إلى نحـو (4) بلايين نسمة.

من ناحية أخرى، تؤكد الإحصاءات الخاصة بوكالات الإغاثة الدولية أن هنـاك حـوالي (13) طفـلا يموتون كل دقيقة في البلدان النامية بسبب مشكلة الفقر في وقت مازال ملايين الأطفال يعانون الفقر وسوء الرعاية الصحية والتهميش.

والواقع أن الدول المتقدمة ليست أفضل حالا بشكل مطلق إلا حينما نقارنها بالوضع المتدهور في بلدان العالم الثالث، إذ أن أغنى دولة في العالم، وهي الولايات المتحـدة الأميركيـة، أدى التفـاوت الشـديد في توزيع الدخل بها إلى وقوع حوالي (20) في المائة من سكانها في دائرة الفقر، و(13) في المائة من سكانها قبعوا فعلا تحت خط الفقر، والأكثر من ذلك أن بريطانيا تصنف حاليا في المرتبـة العشـرين ضـمن (23) دولة في سجل الفقر النسبي، إذ يعيش حوالي (20) في المائة من السكان تحت خط الفقر.

لكن الوضع في روسيا، والتي تصنف ضمن قائمة الـدول المتقدمـة، أكـثر مأسـاوية، إذ أدى انهيـار الاتحاد السوفياتي إلى تساقط الاقتصاد الروسي، وثمة الآن حوالي (50) مليون روسي من إجمـالي (147) مليونـا هم جملة السكان الذين يعيشون تحت الفقر، الإحصاءات على هذا النحو تثير حـال فزع حقيقيـة، والمشكلة ليست فقط في عجز المجتمع الدولي الآني عـن عـلاج حـال الفقر الآخـذة في التصاعد بـل عجـزه عـن رسم سياسات مستقبلية قادرة على التعاطي مع هذا التصاعد مما يعني أن هذه الحال سوف تتفاقم بشكل أكبر في المستقبل.

والواقع أن حال الفقر إذا كانت تمتد لتشمل الآن دولا تنتمي إلى العالم الأول من الدول المتقدمة، فإن المشكلة تدق بالنسبة إلى دول العالم النامي، إذ أن فقر دول العالم المتقدم هـو فقر نسـبي، أمـا الفقـر المستشري في البلدان النامية فهو فقر مطلق تتبدى مؤشراته في الجوع والمرض والجهل، إذ تشـير الإحصـاءات إلى أن حوالي

(30) في المائة من سكان الدول النامية أميون.

إن نهاية الحرب الباردة تلتها متغيرات جديدة على صعيد العلاقات الدولية عمقت الفجوة بين الشمال الغني والجنوب الفقير، فقد أدت نهاية عصر ـ القطبية الثنائية إلى حدوث انخفاض حاد في قيمة المساعدات التي كانت تقدم من دول الشمال إلى الدول النامية، والتي كانت تأتي في سياق سياسي إذ كانت الدول النامية محورا للصراع بين القطبين، ولذلك كانت المساعدات تتدفق إليها بهدف شراء ولائها لأي منهما.

لقد جاء النظام العالمي الجديد ليشهد تصاعد موجة العولمة الاقتصادية التي كانت إرهاصاتها بدأت في السبعينات من القرن العشرين، وخلق هذا الوضع نظاما للتنافس التجاري غير متكافئ بين الدول المتقدمة وبلدان العالم النامي، الأمر الذي عمق من تبعية الأخيرة للأولى، ودمر من ثم فرص النهوض الصناعي بالدول النامية.

ولأن النظام الاقتصادي الدولي في ظل عالم ما بعد الحرب الباردة دعم سياسة الخصخصة واقتصاد السوق الحرة، فقد وجدت دول العالم النامي نفسها في سباق مع الزمن للتحول إلى النظام الرأسمالي، وهو ما كان يعني القضاء على القطاع العام الذي قاد عملية التنمية لعقود طويلة، وتشريد الملايين من العمال بعد تطبيق سياسة الإصلاح الاقتصادي وذلك وفقا لمتطلبات صندوق النقد والبنك الدوليين.

والواقع أن هذا التوجه الاقتصادي لم يؤد إلا إلى تفاقم الأوضاع داخل الدول النامية وحدوث حالات عجز هائلة في الموازين التجارية لها، إذ تشير الإحصاءات إلى أن قيمة الديون الخارجية للدول النامية تصاعدت من (750) بليون دولار العام 1982م إلى حوالي (1300) بليون دولار العام 1998م، ومن المتوقع أن يصل الحجم الإجمالي لمديونية الدول النامية خلال العام 2002م إلى نحو (1500) بليون دولار.

وإذا كان النظام العالمي الجديد يزيد في تهميش وإفقار الدول النامية فإن في طبيعة تكوين هذه الدول نفسها ما يساعد على تفاقم الأوضاع بشكل أكبر، فمعظم الدول النامية حديثة الاستقلال ولم تستطيع حتى الآن بناء المفهوم العصري للدولة. فهذه الدول فشلت في حل أزمات التنمية السياسية التي تواجه الدول حديثة العهد بالاستقلال، بل أن هذه الأزمات تضاعفت وأصبحت أزمات مركبة بفعل التوجيهات غير الديمقراطية التي اتبعتها الغالبية من هذه الدول.

إضافة إلى ذلك فإن انتقال هذه الدول إلى عالم الخصخصة والرأسمالية تم بطريقة غير منضبطة، بل وعشوائية في كثير من الأحيان، الأمر الذي أدى في الحقيقة إلى تحول معظم هذه الدول من عصر ـ ملكية الدولة إلى احتكار الأفراد والشركات الكبرى، وفي بعض الأحيان إلى الشركات الدولية العملاقة متعددة الجنسيات.

ويرى خبراء أن الغالبية الكاسحة من دول العالم الثالث مازالت تحكم بنظم تسلطية، أو بديمقراطية شكلية، حيث ينخر الفساد في النظم السياسية بما يعكس آثاره السلبية على إمكانات التوظيف الصحيح للموارد المتاحة، وثمة تحالف عبر مكتوب بين السلطة والمال يعرقل جهود التنمية في المجالات المختلفة.

ويشير الخبراء إلى أن غياب الديمقراطية يعد سببا جوهريا، وإن كان غير مباشر، لتفشي حال الفقر في دول العالم الثالث، وفي هذا الإطار لابد من تأكيد حقيقة الارتباط الجوهري بين الديمقراطية والتنمية، وإذا كانت هناك حالات شهدت حدوث تنمية في ظل نظم حكم تسلطية، فإن هذه الحالات تظل محدودة (دول جنوب شرق آسيا)، ثم أن هذه الحالات تعثرت لاحقا، واضطرت هذه الدول هذه الدول السعي قدما على طريق التحول الديمقراطي بعد أن أدركت حقيقة الارتباط المطلوب بين الديمقراطية وحدوث التنمية.

وبما أن العالم العربي جزء من العالم الثالث، فقد كان من الطبيعي أن يعاني ما يعانيه هذا الأخير، وفي القلب منه مشكلة الفقر، إذ يبلغ عدد من يعيشون تحت

خط الفقر في العالم العربي ما نسبته من (34) إلى (38) في المائة من إجمالي السكان الذين وصل عددهم العام الماضي إلى (248) مليون نسمة، أي أن أكثر من ثلث العرب يعيشون تحت خط الفقر.

لكن هذه المشكلة تختلف حدتها من دولة إلى أخرى، فقد تراجع ترتيب مصر - أكبر دولة عربية من حيث تعداد السكان - في دليل التنمية البشرية للأمم المتحدة من المرتبة (109) العام 1995م إلى المرتبة (120) العام 1999م من بين (175) دولة، وتسبقها في الترتيب عربيا دول الخليج وسورية ولبنان، ويقع تحت خط الفقر (48) في المائة من إجمالي السكان في مصر.

وفي اليمن فإن الأوضاع اكثر سوءا، حيث أدى برنامج الإصلاح الاقتصادي الذي بدأت الدولة في تنفيذه العام 1995م في تعميق الفقر على رغم تطبيق برامج لمحاربته، ومازال اليمن يصنف ضمن (40) دولة هي الأقل دخلا في العالم، ويصل نصيب الفرد من الدخل القومي الإجمالي إلى (380) دولارا فقط سنويا.

وتشير الإحصاءات إلى أن (40) في المائة من سكان الجزائر يعيشون تحت خط الفقر، والمشكلة في السودان ودول القرن الإفريقي لا تقل خطورة بل أن الفقر بدأ يعرف طريقه إلى دول الخليج العربي وهي التي تتمتع بمستوى دخل مرتفع بفعل الثروات النفطية، ففي الكويت وعلى رغم أن دخل المواطن من الأعلى في العالم، إذ تقدر حصته بحوالي 17 ألفا و400 دولار سنويا من الناتج المحلي الإجمالي، إلا أن هناك نحو مئتي أسرة كويتية تطلب مساعدات يومية من "صندوق الزكاة" الكويتي الذي يصرف حوالي (2500) مساعدة شهرية للمحتاجين.

تبدو معاناة العالم الثالث من مشكلة الفقر على هذا النحو جد خطيرة، وهو ما يفرض على المجتمع الدولي التخطيط السليم والعاجل لواجهتها، وذلك لاعتبارات عدة : فمن ناحية نجد أن الدول المتقدمة التي تمثل الآن عالم الشمال عليها التزام تاريخي تجاه دول الجنوب، فالأخيرة خضعت لعقود طويلة لنير استعمار الأولى وإبان فترة الاحتلال تم استنزاف هائل للموارد الطبيعية في الدول النامية لمصلحة الدول

المتقدمة، وحينما حصلت دول العالم الثالث على استقلالها وجدت نفسها ذات بنى مهترئة وفي وضع تبعية للدول المتقدمة يحول دون إمكان حدوث التنمية المستقلة.

ومن ناحية ثانية وبالأخذ في الاعتبار أن العالم في ظل النظام الدولي الجديد صار وبحق كأنه قرية صغيرة، فإن الدول المتقدمة من مصلحتها أن تعمل على تنمية دول العالم الثالث حتى لا تتحول خطرا عليها، بيد أن الأكثر أهمية لعلاج المشكلة الخانقة يتمثل في ضرورة أن تنهض الدول النامية بنفسها من خلال تهيئة المناخ لإحداث تنمية حقيقية، وهذا يفرض عليها أولا ضرورة انفتاح نظمها السياسية[1].

## مكافحة الفقر على قمة الأوليات العربية

يشكل الفقر وضرورة استئصاله مقدمة أولويات برنامج العمل المستقبلي في المنطقة العربية، وذلك حسب التقرير الذي قدمته الدول العربية لمؤتمر جوهانسبرغ.والذي تم إعداده من قبل الأمانة الفنية لمجلس الوزراء العرب المسئولين عن شؤون البيئة، والمكتب الإقليمي لبرنامج الأمم المتحدة للبيئة بغرب آسيا، والهيئة الاقتصادية والاجتماعية لغرب آسيا.

وقد دُعم التقرير بنتائج وتوصيات سلسلة من الاجتماعات التشاورية التي شارك فيها عدد كبير من الشركاء الذين يمثلون كافة شرائح المجتمع.

وكانت الجمعية العامة للأمم المتحدة قد قررت عام 1995 مراجعة لما تم إحرازه من تقدم خلال السنوات العشر الماضية، بشأن تنفيذ نتائج وقرارات مؤتمر قمة الأرض في ريو دي جونيرو بالبرازيل عام 1992.

وأكد تقرير المنطقة العربية لمؤتمر جوهانسبرغ، أن العقد المنصرم شهد تحسنا ملحوظا في المجالات الصحية والسكانية والتربية والتعليم، فضلا عن تطور وضع المرأة، واتساع دور مشاركة المجتمع المدني، إلا أن هذا التطور مازال يواجه

[1] ألن ديفيد سميث، تقرير خاص عن : عولمة الفقر والارتباط الجوهري بين الديمقراطية والتنمية في دول العالم الثالث، م مجلس الأمة الكويتي، 2002م .

ضغوطا مثل استمرار زيادة النمو السكاني.

وقد استمر النمو السكاني في المنطقة العربية في الازدياد بمعدلات مرتفعة، حيث بلغت نسبته 2.4 في المائة، وهي أعلى بكثير من المعدل العالمي الذي يبلغ 1.5 في المائة.

وأدى تفاعل النمو السكاني مع سوء التوزيع السكاني بين الحضر والريف إلى فرض المزيد من الضغوط على البيئة والموارد الطبيعة، وذلك بسبب زيادة الطلب على المياه والمنتجات الزراعية والخدمات، وتزايد حجم النفايات.

وحسب التقرير، "وبالرغم من التطور الذي طرأ عربيا في الخدمات الصحية خلال العقدين الماضيين، إلا أن الاستقرار في المناطق الحضرية يبقى مفضلا لتوفر الخدمات وفرص العمل مما يخلق اختلالا في التوزيع السكاني ما بين الحضر والريف."

وعانى النمو الاقتصادي في العالم العربي خلال العقود الأخيرة، من تقلبات مرتبطة بالاستقرار الأمني في المنطقة، وأخرى في إنتاج وأسعار النفط.

وجاء في التقرير انه وبالرغم من "أن بداية الثمانينات والتسعينات شهدت تقدما ملحوظا في انخفاض الفقر، غير أن هذا التحسن تراجع فجأة في التسعينيات ليعكس المصاعب الاقتصادية التي شهدتها الثمانينات. "

وأضاف التقرير:" كما اتسعت الفجوة بين الفقراء الأغنياء في المنطقة العربية، وبين الحضر والريف وخاصة في البنية الأساسية والخدمات، وتراجعت المخصصات الحكومية للمسنين والمعاقين."

وفي مجال التعليم، أكد تقرير المنطقة العربية "أن العديد من الدول اتخذت سياسات وخطوات عدة نحو تحسين المستويات التعليمية، بيد أن البطالة لا تزال تمثل تحديا رئيسيا في المنطقة العربية."

وتتجاوز نسبة العاطلين عن العمل في المنطقة 20 في المائة من إجمالي القوى العاملة.

وفي رد فعل على البطالة، زادت المنطقة من الاستثمارات في التربية والتعليم والتدريب خلال العقد الماضي، وخاصة التدريب المهني لاستيعاب البطالة.

وتبقى الأمية بين النساء وخاصة في الأرياف تشكل مشكلة جدية، إضافة إلى حقيقة التمييز ضد النساء في الأجور.

أما على مستوى المنظمات غير الحكومية في الوطن العربي، فقد جاء في التقرير، انه ومنذ انعقاد مؤتمر الأمم المتحدة للبيئة والتنمية الأول عام 1992، ازداد نمو المنظمات والجمعيات غير الحكومية المسجلة في المنطقة، وبدأت تشارك في العديد من الأنشطة الاجتماعية.

ويشير التقرير الى أن " المنظمات غير الحكومية العربية تتحول تدريجيا من منظمات تؤمن بالخدمات الاجتماعية إلى جمعيات للدفاع عن حقوق المجتمع المدني."

وتطرق التقرير العربي الى "تأثير العولمة والاتصالات وتكنولوجيا المعلومات على الثقافة."

وأشار الى أن " مخاطر العولمة تتركز في احتمال الحد من قدرة الحكومات على التدخل في قضايا توفير الخدمات الاجتماعية وحماية البيئة، مقابل الحفاظ على قدراتها التنافسية على المستوى الدولي."

ورغم المزايا التي تنسب للعولمة، مثل النمو الاقتصادي السريع وارتفاع مستويات المعيشة، إلا أن البلدان العربية لم تحصد بعد تلك الفوائد، إما لتوتر الأوضاع السياسية وبالتالي انعكاس ذلك اقتصاديا على معدلات الاستثمار الخارجي، وفي بعض الأحيان سوء إدارة الحكومات أو اتهامها بالفساد.

ومن ناحية أخرى، يمكن للعولمة أن تُحدث تغييرات اجتماعية اقتصادية غير متوقعة ينتج عنها عدم استقرار اقتصادي واضطرابات اجتماعية، مما يعني أن المنطقة بحاجة للبحث عن صيغة تدمج الدول العربية في نظام العولمة الجديدة، وتحميها من آثاره السلبية في ذات الوقت.

ويعترف التقرير أن معظم الدول العربية اعتمدت سياسة التباطؤ في تبني

وإدخال تكنولوجيا المعلومات والاتصالات وشبكة المعلومات الإليكترونية.

ولكن مع حلول التسعينات حدثت طفرة في هذا الاتجاه وسط تأكيد على مساعدة المنطقة العربية على الانتقال إلى مجتمعات ترتكز على المعرفة.

ولكن يثار حاليا جدل في المنطقة العربية حول تأثير تكنولوجيا المعلومات والاتصالات على فعالية الاقتصاد، وعلى المجتمع وثقافته.

وحول علاقة الموارد بالبيئة، أشار التقرير إلى أن الاعتماد على موارد الغاز والنفط والصناعات المرتبطة بهما في المنطقة، يفرض تحديا للحفاظ على نقاء الماء والهواء والبيئة البحرية.

ويمثل شح المياه العذبة أهم المشكلات التي تواجه المنطقة العربية نظرا لوقوعها ضمن المناطق الجافة التي تتميز بتطرف عناصر مناخها مثل ارتفاع معدلات درجة الحرارة.

وتشير المعدلات إلى تناقص مستمر لحصة الفرد من المياه العذبة من عام 1950 (1312 متر مكعب) إلى عام 2001 (ألف متر مكعب). ومن المتوقع أن يصل معدل حصة الفرد من المياه إلى النصف عام 2050.

وحذر التقرير من التوسع الحضري وضغوطه في المنطقة العربية، حيث تعتبر المنطقة العربية من أكثر المناطق النامية في العالم التي شهدت توسعا حضريا. وتبلغ نسبة السكان في المراكز الحضرية العربية 69 في المائة من إجمالي السكان بالمنطقة.

كما أن التوسع العشوائي للمدن أثر سلبا على البنية الأساسية والخدمات، وجاء التوسع على حساب الأراضي الزراعية والمناطق الساحلية بصفة أساسية. وذكر التقرير أن مشكلة إدارة النفايات بأنواعها المختلفة تتفاقم في المنطقة العربية نتيجة تزايد النمو السكاني والتوسع الاقتصادي في المنطقة العربية، وتزايد الإستهلاك [1].

---

[1] تقرير عن شبكة سي ان ان الإخبارية . 2002/8/18م .

**الفقر العربي**

يجمع المراقبون في العالم على أن غالبية الدول العربية قد شهدت نموا متسارعا في الإنفاق في منتصف السبعينات إلى منتصف الثمانينات. وهذا واضح، فبسبب الارتفاع المتسارع في استثمار الثروة النفطية، انهارت أسعار النفط، وبالتالي تراجعت وتيرة التنمية في جميع الوطن العربي، وأثر ذلك على الاستثمار وعلى الأيدي العاملة الوطنية.

بروز الفقر وارتفاع نسبة المنحدرين تحت خط الفقر هل هو وليد الفساد وسوء توزيع الثروة أم نتاج التقشف وهل هو مرشح لمزيد من التفاقم؟

قد يكون ذلك صحيحا إذا تركت الدول هذه المسألة لحالها، ولم تحسن هياكلها الاقتصادية، وترفع قدراتها، ولكن الظاهرة الغريبة هي أن معظم رأس المال الدولي يتجمع في أماكن محددة مثل الاقتصاد الغربي والأمريكي، وهذه مشكلة كبيرة في كيفية إعادة توزيع الأموال. إذ إنه ليس المهم اليوم من يملك المال ولكن المهم من هو الذي لديه الحق في الإنفاق وأين ينفق؟ كما أن حركة انتقال الأموال السريعة باتت تتحكم بها شركات محدودة في العالم وهي التي تستحوذ على كل الودائع.

من هو المسؤول عن هذه الظاهرة، هل هي السياسات المالية أم انعدام الرؤية الوطنية الواضحة؟

السبب هو تركيب المؤسسات، وعلاقات الناس، بها حتى في الدول العربية التي فيها ثروات كبيرة. إذ نجد أن الثروات تتجمع لدى شريحة معينة من المجتمع. وكذلك طبيعة المشاركة في عملية الإنتاج، لأن مجرد عملية النمو الاقتصادي وتراكم الثروة بدون مشاركة أكبر قطاع من الناس سوف يحرم العديد من الناس.

الخلل في الإدارة ونتائجه:

متوسط الدخل في اليمن = 260 دولار للفرد.

متوسط الدخل في الكويت = 17000 دولار للفرد.

موارد اليمن 480 دولار ومن هذه الأمثلة يمكننا أن نتوجه إلى وجود خطأ في الإدارة.

كما أن الفقر مرتبط أيضا في الأساس بالبطالة ووجود قطاعات كبيرة من الناس عاطلين أو يعملون بأعمال غير منتجة والمردود لا يكفي مع عائلة كبيرة. وهو مربوط أيضا بنظام التربية والتعليم التقليدي الذي كان يؤهل قطاعات كبيرة للعمل في دول ناشئة ولكن الآن يمكننا القول إن هؤلاء خريجي التعليم التقليدي هم الذين يشكلون بركة البطالة الرئيسية لأنهم في سوق العمل غير مؤهلين للتعامل مع الأسواق. لذا يجب ربط مناهج التعليم باحتياجات السوق.

ما يتحمله الشخص العامل من عبء في الوطن العربي:

عبء إعالة المجتمع العربي على الذين يعملون فيه بشكل منتج تصل في الوطن العربي إلى حجم القوى العاملة من مجموع السكان 20 ـ 22% وفي بعض الدول تصل إلى 25% من مجموع السكان.

وهناك سببين أخيرين لظاهرة الفقر في الوطن العربي:

1. الفساد: قضايا الفساد عالميا تصل إلى القمة، ولكن في الوطن العربي فأنها مغطاة وغير شفافة، ولكن ولأنها من الداخل فمن الممكن معالجتها والقضاء عليها.

2. ظاهرة العسكرة في العالم العربي:

متوسط إنفاق الفرد على الدفاع عالميا 141 دولار، وفي الدول النامية 34 دولار. وكانت لدينا 4 حروب أهلية و4 مع إسرائيل و2 مع دول الجوار هذا يؤدي إلى استنزاف كبير[1].

---

[1] محمد عوض، الفقر العربي، جريدة الوطن الثلاثاء 19 شعبان 1427 هـ 12 سبتمبر 2006

# الباب الخامس

## هجرة العقول

شهد العالم، ومنذ أوائل القرن العشرين، تطورات متسارعة في كافة مجالات الحياة العلمية والأدبية. وهكذا أصبحت النهايات مفتوحة لقنوات التطور العلمي تستوعب كل ما هو جديد ومبتكر، بل وتتطلع نحو الأفضل باستمرار، كما وتزداد شراهة لجذب الكفاءات من العقول العلمية التي تتقدم بإمكانياتها الذهنية المتفردة على سلم التقدم المتوفر آنيا في شتى بلدان العالم. وبذلك أصبحت هجرة العقول ظاهرة عالمية، جلبت انتباه الساسة والحكام، والباحثين وصناع القرار واستطاعت بعض الدول - خاصة الدول الأوروبية في بادئ الأمر ومن ثم الولايات المتحدة الأميركية وكندا - توظيف هذه الهجرة بما يخدم أهدافها الآنية والمستقبلية، مستفيدة من النبوغ الذهبي المتطور لهؤلاء المهاجرين بينما أغفلت العديد من الدول الأخرى - لاسيما دول العالم الثالث، ومنها الدول العربية - هذه الظاهرة، مما أدى الى خسارتها الجسيمة لهؤلاء العلماء لا كمواطنين فحسب، بل الاستغناء عن خدماتهم وإمكانياتهم المتطورة، التي باتت ضرورية ومؤكدة في ظل الحركة المتسارعة للتنمية والتي لا يمكن لأي بلد من بلدان العالم التغاضي عن أهميتها وبالذات في دول الوطن العربي.

ومما زاد من خطورة هجرة العقول أو الأدمغة العربية، كونها أصبحت من أهم العوامل المؤثرة على تطور الاقتصاد الوطني والتركيب الهيكلي للسكان والقوى البشرية في المجتمع العربي، وذلك بسبب تزايد أعداد المهاجرين من العلماء والمفكرين والاختصاصيين، وبالتالي حرمان الوطن العربي من الاستفادة من

خبراتهم ومؤهلاتهم العلمية المختلفة، فضلا عن الخسائر المالية والاقتصادية التي تتحملها بلدانهم جراء استمرار هذه الظاهرة مما تطلب دراستها، ومحاولة الوقوف عند أسبابها ودوافعها، وتحديد مخاطرها، والاجتهاد في تقديم بعض المقترحات العملية للحد من تأثيراتها السلبية على المجتمع العربي.

## ظاهرة هجرة العقول العربية

تعني الهجرة من الناحية اللغوية، وبشكل عام: الخروج من بلد لاخر ويسمى الشخص مهاجراً عندما يهاجر ليعيش في ارض أخرى بفعل ظلم ظالم لا يعرف الرحمة، أو المغادرة الى ارض ثانية طلبا للأمن والعدل والعيش. أما عبارة (هجرة العقول أو الأدمغة) فقد ابتدعها البريطانيين لوصف خسارتهم خلال السنوات الأخيرة من العلماء والمهندسين والأطباء بسبب الهجرة من بريطانيا الى الخارج، خاصة الولايات المتحدة الأميركية إلا إن العبارة الآن أصبحت تطلق على جميع المهاجرين المدربين تدريبا عاليا من بلدانهم الأصلية الى بلدان أخرى. فيما اعتبرت منظمة اليونسكو أن (هجرة العقول) هي نوع شاذ من أنواع التبادل العلمي بين الدول يتسم بالتدفق في اتجاه واحد (ناحية الدول المتقدمة) أو ما يعرف بالنقل العكسي- للتكنولوجيا، لان هجرة العقول هي فعلا نقل مباشر لاحد أهم عناصر الإنتاج، وهو العنصر البشري.

يقصد بهجرة العقول أو الكفاءات نزوح حملة الشهادات الجامعية العلمية والتقنية والفنية، كالأطباء، والعلماء، والمهندسين والتكنولوجيين والباحثين، والممرضات الاختصاصيات، وكذلك الاختصاصيين في علوم الاقتصاد والرياضيات والاجتماع وعلم النفس والتربية والتعليم والآداب والفنون والزراعة والكيمياء والجيولوجيا ويمكن أيضا أن يشمل هذا التحديد: الفنانين، والشعراء، والكتاب والمؤرخين والسياسيين والمحامين وأصحاب المهارات والمواهب والمخترعين وشتى

الميادين الأخرى، أي أصحاب الكفاءات والمهارات الجامعية العلمية والتقنية.

بدأت ظاهرة هجرة العقول العربية بشكل محدد منذ القرن التاسع عشر وبخاصة من سوريا ولبنان والجزائر، حيث اتجهت هجرة الكفاءات العلمية السورية واللبنانية الى فرنسا ودول أميركا اللاتينية، فيما اتجهت الهجرة من الجزائر الى فرنسا. وفي بداية القرن العشرين ازدادت هذه الهجرة لاسيما خلال الحربين العالميتين الأولى والثانية وفي السنوات الخمسين الأخيرة هاجر من الوطن العربي ما بين 25-50% من حجم الكفاءات العربية. لذا فان ظاهرة هجرة العقول أصبحت من أهم العوامل المؤثرة على الاقتصاد العربي وعلى التركيب الهيكلي للسكان والقوى البشرية، واكتسبت هذه الظاهرة أهمية متزايدة عقب مضاعفة أعداد المهاجرين وبخاصة من الكوادر العلمية المتخصصة، وانعكاسات ذلك على خطط التنمية العلمية والاقتصادية والاجتماعية في الوطن العربي.

ولإدراك جانبا من أبعاد هذه الظاهرة، وتلمس بعضا من تأثيراتها على واقع الدول العربية، ومستقبل عملية التنمية فيها لابد من أيراد بعض من المعطيات الإحصائية المتاحة عنها طبقا لإحصاءات جامعة الدول العربية، ومنظمة العمل العربية، ومنظمة اليونسكو، وبعض المنظمات العربية والدولية المهتمة بهذه الظاهرة، وكما يأتي :

1. يهاجر حوالي (100,000) مائة ألف من أرباب المهن وعلى رأسهم، العلماء، والمهندسين والأطباء والخبراء كل عام من ثمانية أقطار عربية هي لبنان، سوريا، العراق، الأردن، مصر، تونس المغرب والجزائر. كما إن 70% من العلماء الذين يسافرون للدول الرأسمالية للتخصص لا يعودون الى بلدانهم.
2. منذ عام 1977م ولحد ألان هاجر اكثر من (750,000) سبعمائة وخمسون ألف عالم عربي للولايات المتحدة الأميركية.
3. أن 50% من الأطباء، و23% من المهندسين، و15% من العلماء من مجموع الكفاءات العربية يهاجرون الى أوروبا والولايات المتحدة الأميركية وكندا.

4. يساهم الوطن العربي في ثلث هجرة الكفاءات من البلدان النامية خاصة وان 54% من الطلاب العرب الذين يدرسون في الخارج لا يعودون الى بلدانهم.
5. يشكل الأطباء العرب العاملون في بريطانيا نحو34% من مجموع الأطباء العاملين فيها.
6. تجتذب ثلاث دول غربية غنية هي: الولايات المتحدة الأمريكية وبريطانيا وكندا نحو 75% من العقول العربية المهاجرة.

### العوامل الدافعة لهجرة العقول العربية :

بهدف معرفة أسباب هذه الظاهرة، وتحليل الدوافع الأساسية للعناصر المهاجرة من العلماء العرب، بصورة علمية وموضوعية تبرز الحاجة الى وجود (دراسة ميدانية) تعتمد الأسلوب العلمي المبرمج لدراسة هذه الظاهرة الخطيرة، ولصعوبة القيام بمثل هذه الدراسة، لأسباب موضوعية وذاتية، متداخلة ومتشعبة، منها ما يتعلق بالمهاجرين أنفسهم ومنها ما يرتبط بالدول التي استقروا فيها. إلا أن هذا المبرر، لا يعني كواقع حال، عدم معرفة الأسباب التي تدفع العلماء الى الهجرة، حيث يمكن تحديد أهم هذه الدوافع بالآتي:

1. ضعف المردود المادي لأصحاب الكفاءات العلمية، وانخفاض المستوى ألمعاشي لهم وعدم توفير الظروف المادية والاجتماعية التي تؤمن المستوى المناسب لهم للعيش في المجتمعات العربية.
2. وجود بعض القوانين والتشريعات والتعهدات والكفالات المالية التي تربك أصحاب الخبرات، فضلا عن البيروقراطية والفساد الإداري وتضييق الحريات على العقول العلمية المبدعة، والتي تبدأ من دخولهم البوابات الحدودية لدولهم وصولا لأصغر موظف استعلامات في الدوائر الرسمية، مما يولد لديهم ما يسمى بالشعور بالغبن.

3. عدم الاستقرار السياسي أو الاجتماعي والإشكاليات التي تعتري بعض تجارب الديمقراطية العربية، والتي تؤدي في بعض الأحيان الى شعور بعض أصحاب الخبرات بالغربة في أوطانهم، أو تضطرهم الى الهجرة سعيا وراء ظروف أكثر حرية وأكثر استقرارا وقيمة.

4. سفر أعداد من الطلاب الى الخارج، إما لأنهم موهوبون، بشكل غير اعتيادي ويمكنهم الحصول على منح دراسية، أو لأنهم من عائلات غنية، وبالنتيجة يندفعون الى التوائم مع أسلوب الحياة الأجنبية وطرقها حتى يستقروا في الدول التي درسوا فيها (6)، إذ إن فرصة (السفر) هذه وفرت لهؤلاء الطلاب الإطلاع على تجارب المجتمعات الأخرى والتأثر بما موجود فيها من وسائل العيش، إضافة الى توفر الجو العلمي المناسب بالمقارنة بين الحالة الموجودة في الدول العربية وبين ما موجود في الدول المتقدمة.

5. أن تكيف كثير من طالبي العلم مع الحياة في الدول الأجنبية، ومن ثم زواجهم من الأجنبيات، وبالتالي إنجابهم للأولاد، مما يضع المهاجر أمام الأمر الواقع فيما بعد، إذ يصعب عليه ترك زوجته وأولاده لاعتبارات عديدة منها أن زوجته وأولاده قد لا يستطيعون العيش في بلده الأصلي، وهم غير مستعدين لمصاحبته، كما أن كثيرا من التشريعات التي تضع إمامه العراقيل في حالة رغبته العودة الى البلد الأصلي، وعلى سبيل المثال، عدم تعيين المواطنين المتزوجين بأجنبيات بمناصب عالية في بعض الدول العربية. وقد لا يستطيع توفير امتيازا لعائلته كتلك التي كانت متوفرة لديه سابقا، ومع تقادم الأيام تنتهي لدى المهاجر فكرة العودة الى الوطن الأصلي.

6. ويرى بعض الباحثين، بان من الأسباب الرئيسية، حالة الركود في تطور القوى المنتجة والذي وجد تعبيرا له في بقاء وسائل الإنتاج في الصناعة والزراعة وصيد الأسماك والرعي وغيرها دون تغيير، وحرمان سكان المجتمع من ابسط الخدمات الإنسانية، كتوفير مياه الشرب والكهرباء والرعاية الصحية وبرزت

59

هذه الحالة في الدول العربية الفقيرة (غير النفطية) بصورة خاصة.

7. يعاني بعض العلماء من انعدام وجود اختصاص حسب مؤهلاتهم كعلماء الذرة وصناعات الصواريخ والفضاء، ناهيك عن مشاكل عدم تقدير العلم والعلماء في بعض الدول وما اصدق قول رو برت مكنمارا مديرا لبنك الدولي السابق، والذي قال في هذا الصدد (إن العقول تشبه القلوب بصفة عامة في أنها تذهب الى حيث تلقى التقدير) وكذلك العقبات الناتجة من عدم ثقة بعض الدول العربية، لما يحملون من أفكار جديدة، وتخلف النظم التربوية والبطالة العلمية التي يواجهونها، ومشاكل عدم معادلة الشهادات.

8. صعوبة أو انعدام القدرة على استيعاب أصحاب الكفاءات الذين يجدون أنفسهم أما عاطلين عن العمل أو لا يجدون عملا يناسب اختصاصاتهم العلمية في بلدانهم وعدم توفير التسهيلات المناسبة وعدم وجود المناخ الملائم لإمكانية البحث العلمي. ولعله من الظريف بمكان أن نذكر في هذا المجال نادرة قديمة خلاصتها : إن فيلسوفا اقترف ذنبا، فعلم به سليمان الحكيم بذلك فطلبه للمحاكمة، وبعد نقاش، لفظ حكمه قائلا (سنحكم عليك حكما أقوى من الموت) فاطرق الفيلسوف متملكه العجب وسأل ما هو ؟؟ فأجاب الحكيم (حكمنا عليك إن تقيم بين قوم يجهلون قدرك).

تشكل هذه الدوافع، غالبية الأسباب التي تؤدي الى هجرة العقول العربية، ولا نستبعد وجود دوافع أخرى، كحب المغامرة، والعقد الشخصية، أو غيرها ألا أنها لا تأخذ صفة الشمولية وهي في كل الحالات دوافع فردية، ولا تحتل الأهمية بحيث تضاف كدوافع الى مجمل الدوافع السابقة للهجرة.

### العوامل الجاذبة لهجرة العقول العربية :

1. رغم وقوف الدول الغربية ضد هجرة مواطني الدول النامية أليها ألا إنها تتبنى سياسات مخططة ومدروسة بدقة لاجتذاب أصحاب الكفاءات والمهارات

الخاصة من هذه الـدول، وعلـى سـبيل المثال، أصـدر الكونكرس الأميركي قرارا بزيادة تصريحات الحصول على بطاقة الإقامة للخريجين الأجانب في مجالات التكنولوجيا المتطورة مـن (90) ألفـا في السنة الى (150) ألف ثم الى (210) ألف خلال العام الماضي.

2. تهيئ الدول الرأسمالية المتقدمة المحيط العلمي الأكثر تقدما والـذي يحفز علـى مواصلة البحـث والتطوير وزيادة الخبرات حيث أن ظروف العمل في البلدان المتقدمة وسيلة لتحقيق الطموحات العلمية بما توفره من فرص للبحث العلمي ووسائله المختلفة.

3. توفير الامكانات المادية التي تمكنها من تمويل فرص عمل هامة ومجزية ماديا وتشكل إغراء قويا للعقول العربية بما توفره من مستوى معاشي ممتاز وضمانات اجتماعية وخدماتها العديدة، فضلا عن توفر كل وسائل الاستهلاك والرفاه المادي وتسهيلاته.

4. انخفاض نسبة العقول العلمية في الـدول المتقدمـة صناعيا بسبب انخفاض نسب الـولادة وعـدد المتخصصين في الفروع العلمية والتقنية مما يجعلها تبحث عـن عقول وكفاءات أجنبيـة وتقدم لها الإغراءات المادية لملئ هذا الفراغ، وبخاصة في السنوات الأخيرة، حيث وصلت غالبية الدول المتقدمـة الى مستوى دون النمو السكاني الصفري بينما يسير هذا المعدل في دول العالم الثالث، ومنهـا الـدول العربية في الاتجاه المعاكس.

## مخاطر هجرة العقول العربية :

من البديهيات المعروفة، بان العناصر السكانية، أي عدد السـكان وتلاحمهـم القومي ومستواهم الاقتصادي والاجتماعي والثقافي والصحي الى جانب عـدة عناصر أخرى، كالعناصر الطبيعيـة والاقتصادية تشكل عناصر قوة للدولة. ورغم مصداقية هذه البديهية، إلا أن واقع الحال، وكما ثبت بتجارب العالم، بان هناك دور بارز

ومؤثر لمدى التطور العلمي والتقني الذي وصله أي شعب، على قوة الدولة وبالتالي على دورها الإقليمي والدولي.

صحيح أن التطور العلمي والتقني هو عملية دينامية تعتمد في المقام الأول على الموارد المخصصة لها والأشخاص المتوفرين للعمل فيها والأساس التعليمي الذي يدعمها، وأخيرا وليس أخرا التجديد ولكن في الدول العربية، ورغم توفير الرأسمال النفطي لبعضها والذي لا يمكن لوحده أن يفعل شيئا عجائبيا، وان أي فهم جاد لمتطلبات النمو الحضاري العربي المتكامل مع تاريخ الحضارة العربية نفسها يرجع الى استيعاب (دور العقل العربي) في صياغة الواقع المعاصر للحياة العربية فمنذ عدة عصور تراجع العقل العربي وتسارعت الدورات الاقتصادية لا على صعيد الإنتاج الصناعي والزراعي والعلاقات العشائرية فحسب بل على صعيد التعامل مع العقل. ولدرجة إن الأرقام المتوفرة عن إعداد المهاجرين من العلماء العرب الى الغرب، تشير طبقا لإحصاء أجرته منظمة اليونسكو التابعة للأمم المتحدة، بان حوالي (100,000) من أرباب المهن وعلى رأسهم العلماء والمهندسين والأطباء والخبراء والطلاب يهاجرون من ثمانية أقطار عربية هي : لبنان، سوريا، الأردن، العراق، مصر، تونس، المغرب، والجزائر كما أن 70% من العلماء الذين يسافرون الى الدول الغربية للتخصص لا يعودون الى دولهم. لذا فان المخاطر المترتبة على هجرة العقول العربية، ذات تأثيرات مركبة، كونها خسارة فادحة في ميادين عديدة أهمها الأتي :

1. تمثل هجرة العقول العربية استنزافا لشريحة مؤثرة وفاعلة في المجتمع العربي، ولها دور بارز، وبالذات في المرحلة الحالية حيث شرعت اغلب البلدان العربية، وبخاصة النفطية منها بتنفيذ خطط تنموية واسعة النطاق وهي بل شك بأمس الحاجة الى الكفاءات العلمية والأيدي العاملة المدربة القادرة على النهوض بالأعباء الملقاة على عاتقها الى مستوى الطموح.
2. تعتبر هجرة العقول العربية، خسارة في مجال التعليم في جميع مراحله فمن

المعلوم إن البلاد العربية تعد من أكثر المناطق في العالم (أمية).إذ يبلغ معدل الأمية في الوطن العربي حاليا نحو 49% ولا يزال هذا المعدل هو (الأعلى) في العالم مقارنة بمعدل 30% في الدول النامية و1,4% في الدول المتقدمة، ويعني المعدل الحالي وجود أكثر من (70) مليون أمي في الوطن العربي، ويشكل هذا الرقم أحد المعوقات الرئيسية أمام التنمية العربية في عصر تمثل فيه الكفاءات العلمية والتقنية والمعرفة المصدر الرئيسي للميزة النسبية وأساس التفوق والتنافس بين الأمم.

3. ومن المخاطر البالغة الأثر لهجرة العقول العربية، تلك الخسائر المتأتية في هدر الأموال الطائلة على الطلبة الذين نالوا هذه الكفاءات المتقدمة، حيث تتحمل دولهم، سواء أكان الطالب يدرس على حسابه الخاص أو على حساب حكومته، فان راس المال المصروف يمثل خسارة للاقتصاد الوطني، ومما لا يقبل الجدل أن قيمة العلماء والاختصاصيين تتجاوز كل حساب بالعملة، ولكن إذا ما تم حساب الخسارة بالدولار، فان تعليم وتدريب العالم الواحد قدر بحدوده الدنيا بنحو (20,000) ألف دولار أميركي طبقا لسعر أساس اتخذ عام 1972م، ولو تم إضافة فروقات الأسعار الحاصلة في الأسواق العالمية للسنوات التالية لسنة سعر الأساس فربما تصبح التكلفة مضاعفة هذا الرقم لعدة مرات وعموماً، قدرت دراسة حديثة الخسائر المادية العربية بسبب استمرار ظاهرة هجرة العقول العربية بنحو (1,57)مليار دولار سنويا. والاهم من ذلك جسامة الخسارة المتأتية عن فقدان الدور الخلاق المباشر في رفع المستوى الاقتصادي والاجتماعي والصحي في الوطن العربي من خلال انتاجاتهم العلمية.

4. كما تؤدي هجرة العقول العربية إلى توسيع الهوة بين الدول الغنية والدول الفقيرة، لان هجرة الأدمغة إلى الدول المتقدمة تعطي هذه الدول فوائد كبيرة ذات مردود اقتصادي مباشر بينما تشكل بالمقابل خسارة صافية للبلدان التي نزح منها أولئك العلماء، خاصة وان التكنولوجيات والاختراعات المتطورة التي أبدعها أو

5. اسهم في إبداعها أولئك العلماء المهاجرين تعتبر ملكا خاصا للدول الجاذبة لهم، وحرمان دولهم من الاستفادة من إبداعاتهم الفكرية والعلمية في مختلف المجالات.

6. تكرس هذه الظاهرة التبعية للبلدان المتقدمة وتأهيلها في اتجاهات خطط التنمية غير المدروسة، وتبرز مظاهر التبعية في هذا المجال بالاعتماد على التكنولوجيا المستوردة، والتبعية الثقافية والاندماج في سياسات تعليمية غير متوافقة مع خطط التنمية من خلال تفضيل (الكم) على (النوع) في هذا الميدان، مما يتسبب في أتساع المسافة بين مستويات تطور المجتمعات العربية بالمقارنة مع مجتمعات الدول المتقدمة.

7. كما تمثل هجرة العقول العربية، اقتطاعا من حجم القوة العاملة الماهرة المتوفرة في الوطن العربي، مما يؤدي إلى خسارته لقسما مهما من القوى المنتجة في مختلف الميادين، وبالتالي زيادة التوتر في سوق القوى العاملة العالية المستوى، والذي يؤدي بدوره إلى التأثير على مستوى الأجور، فضلا عن اضطرار الدولة إلى استيراد الخبرات العلمية الأجنبية لتلافي النقص الحاصل جراء هجرة الكفاءات لديها.

ويرى الباحث خضير النداوي أن هذه المشكلة، أصبحت ظاهرة عامه، على مستوى الوطن العربي، ومعالجتها تحتاج الى وقفه جادة، موضوعية وافق شمولي يتلمس تعقيدات الواقع العربي، ويستهدف الإحاطة بكل تناقضاتها، ومن ثم وضع الحلول الناجحة المتعلقة بهذه الظاهرة كونها تعكس خطرا متواصل التأثير، وهو مرشح في ظل تأثيرات العولمة نحو التزايد. وعلى أهمية تحديد الدوافع المختلفة لهذه الظاهرة، سواء أكانت السياسية أو الاقتصادية أو الاجتماعية أو الفكرية وغيرها، الا أن العوامل الاقتصادية كانت ولا تزال، تحتل الأولوية في التأثير المباشر على العقول والكفاءات العربية، ولاسيما وان الأشخاص الأكثر تأثرا بهذا العامل هم الأشخاص الأفضل أعدادا والأكثر كفاءا لتسيير أجهزة الإنتاج والتعليم والتدريس في

الوطن العربي. مما يتطلب أيجاد سبل علمية لصيغ التعامل الإنساني والحضاري مع الكفاءات العلمية وبحرص وطني، فضلا عن محاولة وضع إستراتيجية عمل عربية تشارك فيها الحكومات العربية كافة ومؤسسات العمل العربي المشترك وتستهدف، على اقل تقدير، تقليل هجرة العقول العربية وإزالة قسما من العقبات التي تواجهها، ومن ثم معالجة المشاكل التي تعترض مسيرتها العلمية، عبر إجراءات عملية عديدة في مقدمتها :

1. أجراء مسح شامل لإعداد الكفاءات العربية المهاجرة بهدف التعرف على حجمها ومواقعها وميادين اختصاصاتها وارتباطاتها وظروف عملها.
2. صياغة سياسية عربية مركزية للقوى العاملة على أساس تكامل القوى العاملة العربية بحيث تمكن الدول العربية التي تواجه اختناقات في مجال القوى العاملة من التخلص من مواقعها، وتتيح للبلدان العربية الأخرى التي تواجه عجزا في هذا الميدان من سد العجز لديها.
3. وضع البرامج الوطنية لمواجهه هجرة العقول وإنشاء مراكز للبحوث التنموية والعلمية والتعاون مع الهيئات الدولية والإقليمية المعنية لإصدار الوثائق والأنظمة التي تنظم أوضاع المهاجرين من العلماء أصحاب الكفاءات.
4. حث الحكومات العربية على تكوين الجمعيات والروابط لاستيعاب أصحاب الكفاءات المهاجرة من بلدانهم وإزالة جميع العوائق التي تعيق ربطهم بأوطانهم، ومنحهم الحوافز المادية وتسهيل إجراءات عودتهم الى أوطانهم للمشاركة في عملية التنمية والتحديث.
5. الاستمرار بتنظيم مؤتمرات للمغتربين العرب، وطلب مساعداتهم والاستفادة من خبراتهم سواء في ميادين نقل التكنولوجيا أو المشاركة في تنفيذ المشروعات.
6. التعاون مع منظمة اليونسكو لإقامة مشروعات ومراكز علمية في البلدان العربية لاجتذاب العقول العربية المهاجرة للأشراف على هذه المراكز والإسهام المباشر في أعمالها وأنشطتها.

7.  احترام الحريات الأكاديمية وصيانتها وعدم تسيس التعليم أو عسكرته وهذا الموضوع له صله وطيدة باحترام حقوق الإنسان وخضوع الدولة والأفراد للقانون، وذلك بإعطاء أعضاء الهيئات الأكاديمية والعلمية حرية الوصول الى مختلف علوم المعرفة والتطورات العلمية وتبادل المعلومات والأفكار والدراسات والبحوث والنتاج والتأليف والمحاضرات وفي استعمال مختلف وسائل التطور الحديثة ودون تعقيد أو حواجز وصولا لخير المجتمع الإنساني.

8.  إعادة النظر جذريا في سلم الأجور والرواتب التي تمنح للكفاءات العلمية العربية، وتقديم حوافز مادية ترتبط بالبحث والنتاج ورفع الحدود العليا للأجور لمكافأة البارزين من ذوي الكفاءات وتقديم الحوافز التشجيعية والتسهيلات الضريبية والجمركية للوفاء بالاحتياجات الأساسية خاصة منها المساعدات التي تضمن توفير السكن المناسب وتقديم الخدمات اللازمة لقيامهم بأعمالهم بصورة مرضية.

في ضوء ما تقدم، فان معضلة هجرة العقول العربية، أضحت مشكلة مزمنة يعاني منها الوطن العربي لاسيما وان (المعرفة العلمية) في دول العالم المتقدم اعتبرت كثروة وقوة، وحددت أطر التعامل معها بقوانين شاملة في الإدارة والمالية وخضعت لإجراءات صارمة لحقوق الملكية.

وتضيف هذه الإشكالية عبئا جديدا لتداعيات وتأثيرات استمرار هجرة العقول العربية، مما يتطلب من جهات صنع القرار العلمي والسياسي والاقتصادي في الوطن العربي أن تعمل ما بوسعها لتقليل تأثير هذه الظاهرة اخذين بنظر الاعتبار أن هذه المعضلة مستمرة ويصعب إيقافها بقرار سياسي، ولكن قد يتم تقليل تأثيراتها بشكل تدريجي بتظافر جهود المؤسسات العلمية العربية سواء أكان ذلك في المدى المنظور أم على الصعيد الإستراتيجي [1].

---

[1] خضير النداوي، (بحث) صحيفة كتابات (م) حزيران 2005

## الخسائر المادية جراء هجرة العقول العربية

أصبحت ظاهرة هجرة العقول العربية الى الخارج خاصة الولايات المتحدة وكندا وبعض الدول الأوروبية تشكل هاجسا مخيفا للحكومات والمنظمات على حد سواء، وقدرت التقارير ان تلك الهجرة التي تكاد لا تتوقف تتسبب في خسائر مالية تتجاوز 200 مليار دولار.

انعقد بالقاهرة مؤخرا مؤتمر لمناقشة هذه الظاهرة الخطيرة، توصل خلاله المتحاورون الى مجموعة من الأسباب التي تقف وراء هذه الهجرة وعكفوا على محاولة إيجاد الحلول الناجعة لتجاوز سلبياتها. وتوصل المؤتمرون الى أن هذه الهجرة شملت كوادر متخصصة في تخصصات حرجة ودقيقة، والى أن استفادة الدول العربية من هذه الهجرة ضعيفة للغاية مقارنة باستفادة إسرائيل من مثل هذه الهجرات، مؤكدين على ضرورة التصدي بكل الوسائل لوقف هذا النزيف الذي يلحق الضرر بالتطور الاقتصادي القومي والتركيب الهيكلي للسكان والقوى البشرية.

### ثمانمئة واربع وعشرون ألف مهاجر مصري

تعد ظاهرة هجرة الكفاءات والعلماء من الدول العربية الى الخارج أحد أهم العوامل المؤثرة على تطور الاقتصاد القومي وعلى التركيب الهيكلي للسكان والقوى البشرية وتكتسب هذه الظاهرة أهمية متزايدة في ظل تزايد اعداد المهاجرين خاصة من الكوادر العلمية المتخصصة وتتمثل أهم الاثار السلبية في حرمان هذه الدول من الاستفادة من خبرات ومؤهلات هذه الكفاءات في مجال التنمية الاقتصادية والاجتماعية وتعاني مصر وغيرها من الدول العربية من أثار هذه الظاهرة حيث يقدر الجهاز المركزي للتعبئة العامة والإحصاء المصريين المتميزين من العقول والكفاءات التي هاجرت للخارج بـ 824 ألفا وفقا لآخر إحصاء صدر في عام 2003 من بينهم نحو 2500 عالم وتشير الإحصاءات الى أن مصر قدمت نحو 60% من العلماء العرب والمهندسين الى الولايات المتحدة الامريكية، وان مساهمة كل من العراق ولبنان بلغت

10% بينما كان نصيب كل من سوريا والأردن وفلسطين نحو 5%.

وتشير إحصاءات جامعة الدول العربية ومنظمة العمل العربية وبعض المنظمات المهتمة بهذه الظاهرة الى أن الوطن العربي يساهم بـ 31 هجرة الكفاءات من الدول النامية، وأن 50% من الأطباء، 23%من المهندسين، 15% من العلماء من مجموع الكفاءات العربية يهاجرون متوجهين الى أوروبا والولايات المتحدة وكندا بوجه خاص وأن 54% من الطلاب العرب الذين يدرسون بالخارج لا يعودون الى بلدانهم ويشكل الأطباء العرب في بريطانيا حوالي 34% من مجموع الأطباء العاملين فيها، وان ثلاث دول غربية غنية هي أميركا وكندا وبريطانيا تتصيد نحو 75% من المهاجرين العرب.

هذه القضية تناولها بالبحث مركز بحوث الدول النامية بجامعة القاهرة في مؤتمر عقد مؤخرا شارك فيه العديد من الباحثين وأساتذة الاقتصاد والاجتماع حيث أكد الدكتور عبد السلام نوير مدرس العلوم السياسة بجامعة أسيوط أن الخسائر التي منيت بها البلدان العربية من جراء هجرة الأدمغة العربية 11 مليار دولار في عقد السبعينيات، وان الدول الغربية هي الرابح الأكبر من 450 ألفا من العقول العربية المهاجرة وان الخسائر الاجتماعية نتيجة هذه الظاهرة تقدر بـ 200 مليار دولار.

وأضاف د.نوير أنه في حين تخسر الدول العربية وفي مقدمتها مصر ـ من ظاهرة هجرة العقول فإن إسرائيل تستفيد من هذه الظاهرة بفعل الهجرة عالية التأهيل القادمة إليها من شرق أوروبا وروسيا وبعض الدول الغربية وقال أن مصر تعد الخاسر الأكبر من هجرة الكفاءات في الكم المطلق ففي أميركا حوالي 318 كفاءة مصرية، كندا 110، استراليا 70 و35 في بريطانيا، 36 في فرنسا، 25 بألمانيا، 14 في سويسرا، 40 في هولندا، 14 في النمسا، 90 في ايطاليا، 12 بأسبانيا وفي اليونان 60 وتحظى الولايات المتحدة بالنصيب الأكبر من الكفاءة والعقول العربية بنسبة 39% تليها كندا 3, 13% ثم أسبانيا بنسبة 5, 1% وتتضمن هذه الأرقام العديد من الفئات في مهن وتخصصات مختلفة وتتجلى الخطورة في أن عددا من هؤلاء يعملون في أهم التخصصات الحرجة والاستراتيجية مثل الجراحات الدقيقة، الطب النووي والعلاج

بالإشعاع والهندسة الالكترونية والميكرو الكترونية، والهندسة النووية، علوم الليزر، تكنولوجيا الأنسجة والفيزياء النووية وعلوم الفضاء والميكروبيولوجيا والهندسة الوراثية مضيفا أنه حتى في العلوم الإنسانية كاقتصاديات السوق والعلاقات الدولية، هناك علماء متخصصون.

وأشار الدكتور نوير الى القنوات الرئيسية لهجرة الكفاءات العربية الى البلدان الغربية وهي الطلاب في الجامعات الغربية لاسيما المبعوثين الذين ترسلهم الجامعات والمراكز البحثية ولا يعود هؤلاء الى بلدانهم الأصلية مؤكدا أن مصر تعد من أكثر الدول معاناة من هذه المشكلة حيث قدر عدد من تخلف من مبعوثيها في العودة اليها منذ بداية الستينات وحتى مطلع عام 75 بحوالي 940 مبعوثا بنسبة 12%من مجموع المبعوثين خلال تلك الفترة وتركز معظمهم في أميركا، كندا، فرنسا، بريطانيا وكانوا من المتخصصين في الهندسة والطب والأبحاث الزراعية وخلال الفترة من 70 إلى1980 لم يعد الى مصر 70% من مبعوثيها في الولايات المتحدة.

وعن أثر العوامل الاقتصادية لهجرة الكفاءات أكد الدكتور سعد حافظ أستاذ الاقتصاد بمعهد التخطيط القومي أن هناك أسبابا مشتركة وراء الهجرات السكانية سواء أكانت داخلية او خارجية أهمها الفقر حيث لا يقتصر على مفهوم واحد ولكنه يمتد ليشمل فقر الإمكانيات والقدرات والذي يعكس نقص الخدمات الأساسية، انخفاض مستوى المعيشة ونوعية الحياة معا ويرتبط الفقر بهذا المعنى بنقص التشغيل، البطالة التهميش وضعف أو انعدام فرص الحراك الاجتماعي وهو المحرك الأساسي لانتقال الناس مكانيا إضافة للاضطهاد وعدم الاستقرار السياسي لأسباب ايديولوجية أو عرقية أو ثقافية أو دينية تلعب دورا هاما في الهجرات الجماعية الى جانب التعرض لأشكال القهر بدءا بالحرمان من الحقوق السياسية، والاعتقال دون قوانين وكبت الحريات الى التعذيب والتصفيات الجسدية.

# أسباب الجذب

ويضيف الدكتور سعد أنه قد تكون الأسباب العامة دافعا للهجرة ولكن هناك أسباب أخرى لهجرة العقول والكفاءات وهي في الغالب خاصة تتلخص في توفر امكانات البحث العلمي في الدول التي تتم الهجرة اليها سواء ما يتعلق بمناخ البحث العلمي السائد أو الامكانات المادية من معامل ومختبرات وتمويل وفرق عمل بحثي متكاملة الى جانب وجود الجماعة العلمية المرجعية المحفزة للإبداع العلمي وكذلك العوامل النفسية للمهاجر نفسه وأيضا عوامل الجذب والمغريات التي تقدمها دول المهجر.

ويركز الدكتور سعد على اثر انخفاض مستويات الدخل والمعيشة على هجرة الكفاءات من مصر ـ حيث تنشأ الكفاءات المصرية المهاجرة منها والمتميزة في البناء بالوطن في خلل بيئة معيشية تصنف حسب دليل الفقر البشري ضمن مجموعة الدول المتوسطة ووفقا لهذا الدليل فإن حوالي 3,10% من السكان لا يتوقع لهم أن يعيشوا حتى سن الأربعين ويزيد معدل الأمية للقراءة والكتابة عن 50% ويحرم13% من السكان من الحصول على المياه المأمونة، و1% على الخدمات الصحية و12% من الصرف الصحي، ويعيش تحت خط الفقر 3, 23% من السكان ووفق هذا التقرير يتراوح متوسط دخل الفرد في السنوات الخمس الأخيرة بين 1015 - 1400 دولار دونما اعتبار للفروق الحادة في توزيع الدخل.

وتندرج أغلب الكفاءات تحت ظل أصحاب الدخول الثابتة ومع اضطراد معدلات البطالة السنوية ونمو الأسعار بمعدلات تضخمية فلقد تولدت عوامل طاردة لهجرة الكفاءات للخارج تعوزها الفرصة أو قبول دول المهجر، وحتى بالنسبة لمن أتيحت لهم فرص العمل من أصحاب الأجور وعلى الرغم من تميز أجور قطاع الأعمال العام والخاص عن القطاع الحكومي فإن معدلات الزيادة في الأجور تراوحت ما بين 1, 1%، 2,1% في حين زادت الأسعار بمعدلات تراوحت بين 8, 2%، 3, 22%

ويضرب الدكتور سعد مثلا بأجور الكادر الجامعي حيث تنضوي أجور العاملين بالجامعات والمعاهد العليا والمراكز البحثية في مصر تحت طائفة أصحاب الأجور الثابتة والمجمدة باللوائح الأجرية وعلى الرغم من الارتفاع النسبي الظاهري للأجور النقدية لهذه الفئة فهي تقل عن نصف نظيرتها بالكادر القضائي وعن 15% من رواتب العاملين بالهيئات الدبلوماسية ويضيف أنه بالرغم من زيادة معدلات الأجور الثابتة والمتغيرة خلال الفترة 1988 وحتى الآن بما يقارب 70% فإن معدلات زيادة المتوسط العام لأسعار المعيشة في الحضر قد سجلت زيادة تقدر بنحو 352% بالإضافة إلى عدم حصول هذه الفئة على ما كانت تتمتع به من مزايا عينية، مثل الحصول على مسكن ملائم وقريب من مكان العمل، بتكلفة إيجارية محدودة أو بقيمة مقبولة

ومن شأن هذه العوامل إما استنزاف قدرات وطاقات الباحثين العلميين في تحسين مستوى المعيشة بكافة الأشكال كالاشتغال بمهام وظيفية أخرى مدره للدخل وإما تفضيل الهجرة والتي تتوافق والعوامل الأخرى المشار إليها كالبيئة البحثية والإمكانيات التمويلية والتقنية للعملية البحثية وبذلك تشكل ظروف المعيشة أحد حوافز هجرة العقول وفي حصره للخسائر الناتجة عن الهجرة أشار الدكتور سعد إلى أن هجرة الكفاءات سواء أكانت دائمة أو مؤقته والتي تقدر بنحو 4, 50%من إجمالي العمالة المهاجرة والبالغة 276, 675, 3 قد كبدت الميزانية العامة للدولة خسارة في الاستثمارات المنفقة على التعليم الحكومي بما يتراوح ما بين 01, 43 مليار جنيه و349, 62 مليار خلال الفترة من 62-2000 ولا تتضمن هذه التقديرات موارد انفاق الأسرة على التعليم الخاص والإنفاق المكمل للانفاق.

## الهجرة وأجيال المستقبل

كما تشير الدكتورة ماجدة صالح أستاذ العلوم السياسية بجامعة القاهرة إلى أن أسباب هجرة الكفاءات المصرية قد تتشابه مع أسباب الهجرة العادية للعمال أو الفنيين

خاصة في السبب الاقتصادي وهو الأمر الـذي يشـير إلى أن قـرار الهجـرة تـتحكم فيـه بصـورة أساسـية العوامـل الجاذبـة وليسـت الطاردة وحـدها فلـو تـوفرت العوامـل الطـاردة ولم تتـوفر العوامـل الجاذبـة وأولهـا التشريعات والقوانين والامتيازات الاقتصادية لن تكون هناك هجرة وتضيف أن هجرة الكفاءات تحدث لأسباب عدة أولها سياسات دول العالم الصناعي في اجتذاب المهارات مـن مختلـف الـدول في إطار مـن التخطيط الـواعي وعلى أساس انتقائي وهي المهارات التي غالبا ما تبقي في الخارج لأسباب متعددة مما يهدر مهارات بشرية مؤهلـه لقيادة خطط التنمية خاصة في الدول النامية.

وترى صالح أن الأسباب التي تـدفع لهجـرة الكفـاءات المصريـة ويـأتي في مقدمتهـا الأسباب العلميـة والمادية والتعليمية وهذه الأسباب في حاجة لأن تكون منظمة للتقليل من حدتها حتى لا تفقد مصرـ مزيدا من كفاءاتها في سوق العمل العالمي وقدرته التي هي الأساس لوضع السياسات وفي الوقت نفسه هـي تعني المزيد من العمل من أجل تفعيل عدد من السياسات والمواد التي جاءت بقانون الهجرة ومازالت لم تـدخل حيز التنفيـذ خاصة مع تصاعد هجرة الكفاءات في ظل زيادة تيار العولمة تأسيسا على مصالح الدول الصناعية المتقدمة.

وتشير إلى أن خطورة الأمر تكمن في أن الهجرة سوف يكون لهـا تـأثير كبير عـلى الاجيـال الأصغر مـن كفاءات الدول النامية خاصة مـن ينتمـي منهم إلى الفئـات الاجتماعيـة الأقـدر حيث يتـيح لهـم أن يكونـوا أكثر استعدادا من خلال وسائل الاتصال، والتعليم للهجـرة إلى الخارج الأمر الـذي سـيلحق مزيدا من الضرر بالـدول المصدرة لهذه الكفاءات بدء من الفاقد في الاستثمار في التعليم وانتهاء بإضعاف القـدرة الذاتيـة للمجتمع عـلى القيادة والإدارة ومرورا بإضعاف قوى التنمية في المجتمع وعن الجانب الاجتماعي لظاهرة الهجرة أكد الـدكتور محمود فهمي الكردي أستاذ علم الاجتماع بجامعة القاهرة إلى أن المكاسب التي تجنيها الدول المتقدمة مـن جـراء هجرة العقول إليها هي نفسها وبصورة معكوسة تمثل الخسائر التي تمنى بها الـدول الأقل تقدما نتيجـة هجرة العقول إليها وتتكامل المشكلة حينما تسعى المجتمعات التي هجرها أبناؤها واتجهوا صوب

المجتمعات الأكثر تقدما إلى الاستعانة بناتج عمل هؤلاء. وهم أبناؤهم، فمثلا في المبتكرات التكنولوجية التي أنتجوها أو السلع التي طورها أو مجسدا فيهم شخصيا حين يعودون إلى بلادهم في زي الخبراء الدوليين.

وأضاف الكردي أن تقدير التحولات الاجتماعية في زيادة معدلات هجرة الكفاءات العلمية عالية المستوى أو في انخفاضها لا تزال محل جدل ومنافسة فالبعض يرى أن بنية التحولات المجتمعية قد تؤدي إلى حالة من عدم التوازن الاقتصادي والاجتماعي وبالتالي صعود شرائح اجتماعية جديدة وهبوط أخرى ومن ثم عدم تحقيق العدالة الاجتماعية بالصورة المطلوبة لذلك تبحث الكفاءات العلمية عن دور فردي لها وتتجه نحو العالم الخارجي وهو المتقدم بطبيعة الحال

ويضيف أن هجرة الكفاءات العلمية أصبحت ظاهرة لافتة للنظر ليس بمصر وحدها وإنما على مستوى بلدان العالم الثالث وأن الخط النمطي المؤقت هو الشكل السائد لهجرة المصريين إلى الخارج رغم وجود نسبة من الهجرات الدائمة ويرى أن كافة الشرائح والفئات المكونة للبيئة الطليعية معرضة لعملية الهجرة بل ومشاركة فيها أما الأسباب والدوافع فترتبط ببيئة المجتمع المادي وما يصاحبه من تدن في مستويات الحياة وبخاصة فيما يتعلق منها بكمية الغذاء ونوعيته وحالة المسكن وأوضاع المرافق وأحوال البيئة ويرى أن هذا النمط من الفقر لا يرتبط بالضرورة بانخفاض مستوى التعليم بل قد يكون العكس هو الصحيح أحيانا الأمر الذي يرفع من مستوى الطموح فيدفع الفرد دفعا إلى تغيير مكان الإقامة بالهجرة ومن بين الأسباب الأخرى ضآلة فرص العمل بل انعدامها أحيانا الأمر الذي يؤدي إلى ظهور أشكال متعددة للبطالة السافر منها والمقنع[1].

---

[1] هجرة العقلول، تقرير، (م) البلاغ المصرية .

# الباب السادس

## النمو السكاني

في جنيف عام 2003 أصدر منتدى العالم الاقتصادي بعض التحذيرات التي أوردها تقرير التنمية البشرية العربية الذي أصدرته الأمم المتحدة، مؤكدا أن النمو الاقتصادي للعالم العربي كان مخيبا، ومحذرا من أن عدد سكانه البالغ حاليا 290 مليون نسمة سيتضاعف خلال ثلاثين سنة، في الوقت الذي تنحسر فيه الموارد المائية والقدرة الجغرافية لاستيعاب الزيادة السكانية. ويشير التقرير الى إمكانية استخدام النظم المالية الإسلامية لتحريك المدخرات، في حين ان قلة التدفقات الاستثمارية الأجنبية المباشرة قد تتحسن في المستقبل القريب مع عمل دول المنطقة الدءوب لتحسين ظروف البيئة الاستثمارية. ويؤكد التقرير أن مفتاح أي خطة تنموية يكمن في تعزيز قطاع التعليم الذي يهدد ضعفه بعزل العالم العربي عن المعرفة والتكنولوجيا المتداولة عالميا.

يقدم بيتر كورنيلس من المنتدى الاقتصادي العالمي وأنرو وارني من جامعة هارفرد إطارا تحليليا في الفصل الخاص بهما في ذلك التقرير، والذي جاء تحت عنوان «محركات النمو في العالم العربي». ويبدأ الكاتبان من نقطة معدلات النمو في المنطقة، والتي يعتبران أنها وصلت الى حالة مخيبة للآمال بشكل حاد. ففي حين شهدت فترة الثمانينيات تباطؤا كبيرا في معدلات النمو يمكن عزوه الى التدهور الحاد في الأوضاع التجارية في الدول المصدرة للبترول، فقد أبرزت فترة التسعينات، بما لا يدع مجالا للشك، أن تواضع أداء النمو جاء كانعكاس لغياب إعادة الهيكلة. ويحدد

75

هذا الفصل الشروط التي تتطلبها التنمية المستدامة في تسعة مجالات، والتي يجب الوفاء بها من أجل انطلاق الاقتصادات في العالم العربي بمعدلات نمو أعلى. وتتضمن هذه الشروط تطوير مناخ أفضل للاقتصاد الكلي، ووجود أسواق مالية ذات فعالية، وفتح التجارة ووجود حكومة متميزة، وسيادة القانون، وتوفير التعليم المناسب وجعله متاحا للجميع، وضمان وجود بنية تحتية، والقضاء على الفساد أو الحد منه، والدخول في الاقتصاد الجديد. غير أن تحقيق هذه الشروط لا يضمن في حد ذاته الإسراع بعملية النمو على أسس ثابتة، ذلك أن الوصول الى هذا الهدف يتطلب أن يسير محرك النمو بيسرـ وان يتوفر الدعم اللازم لعمليات الابتكار ونقل التكنولوجيا، وان يكون هناك ما يضمن للمشروعات والأعمال الجديدة سهولة التنفيذ، وعدم مواجهة العقبات.

إن بقاء المنطقة عرضة بشكل دائم لعوامل مثل التغيرات التي تطرأ على أسعار الطاقة، والأحداث الجغرافية ـ السياسية، ينعكس ليس فقط في التقلبات القوية قصيرة المدى للنشاط الاقتصادي، غير أن الفصل الخاص بالنمو الاقتصادي والاستثمار في العالم العربي يوضح أن هذا التقلب يحجب حقيقة مهمة وهي أن معدل النمو في العالم العربي قد اتجه نحو الهبوط بالفعل منذ فترة الستينات. وفي سياق دراسة أسباب ذلك الاتجاه يركز هذا الفصل على مسألة الاستثمار تحديدا، والتي شهدت زيادة مثيرة للدهشة في النصف الثاني من السبعينات والنصف الأول من الثمانينات، وظل في حالة نشيطة الى حد كبير منذ ذلك الحين. ويظهر هذا الفصل أن حل لغز ارتفاع حجم الاستثمارات وانخفاض معدل النمو يكمن في نوعية الاستثمارات، حيث يؤكد أن الاستثمارات الخاصة في العالم العربي ليست كافية وليست ذات فعالية أيضا. ويوضح التداعيات بالغة الأهمية التي أسفر عنها تباطؤ عملية النمو فيما يتعلق برفاهية البشرـ حيث يشير الى أن توزيع الدخل لم يطرأ عليه تحسن كبير خلال العقدين الماضيين، كما انه لم يتحقق سوى قدر ضئيل من التقدم في مسألة القضاء على الفقر.

إن العالم العربي يمثل 5% فقط من تعداد العالم، إلا أن هذه المنطقة تعد واحدة من أكثر المناطق التي تتزايد فيها معدلات النمو السكاني، فقد كان تعداد العالم العربي اقل كثيرا منذ عقود قليلة سابقة، وفي الفصل الذي يحمل عنوان تعداد السكان في العالم العربي «كتب فريق الخدمات الفنية للدول العربية التابع لصندوق الأمم المتحدة للسكان» يقولون «أن الأمر لن يستغرق أكثر من ثلاثين عاما تقريبا حتى يتضاعف إجمالي تعداد السكان في المنطقة العربية من مستواه الحالي البالغ 290 مليون نسمة تقريبا». وفي ظل توقع انخفاض معدلات الخصوبة والنمو السكاني في العقود القليلة القادمة، سيكون من المتوقع في عام 2025 أن يتطلب الأمر ما يقرب من 43 عاما تقريبا حتى يتضاعف تعداد السكان مرة أخرى. تدق هذه الأرقام ناقوس الخطر، وتفرض تحديات هائلة على العالم العربي، خاصة عندما يوضع في الاعتبار محدودية الطاقة والأرض، وندرة موارد الحياه[1].

## التحدي الديموغرافي

إن من أهم القضايا التي تعوق التنمية الاقتصادية في البلدان العربية هي السلوكيات الاجتماعية التي تتسم بعدم المسؤولية المدنية والتي لا تراعي الواجبات الوطنية المركزية المتعلقة بالتنمية وبالتحديث ورفع الكفاءة والمحافظة على البيئة وتحسين نوعية الحياة. ولا يمكن أن نعزل مسألة النمو السكاني في البلدان العربية عن هذه السلوكيات الاجتماعية نظرا لأن منظومة القيم التي تحكم عملية التكاثر الطبيعية تمثل أهمية في أي مجتمع يسعى للتطور والانعتاق من التخلف .

الصحيح أن الكثير من البلدان العربية قد تمكنت من إنجاز تحولات هامة في البنية العائلية واستطاعت أن تخفض من معدلات النمو السكانية من خلال برامج تنظيم الأسرة، والتي اتبعتها دول عربية منذ مطلع الستينيات من القرن الماضي، إلا أن هذه الجهود لم تؤد إلى تناغم بين معدلات النمو السكانية ومعدلات النمو

---

[1] منتدى العالم الإقتصادي، القدرة التنافسية للعالم العربي، جنيف 9 سبتمبر 2003

الاقتصادية بشكل مفيد حتى الآن. وربما تفاعلت التطورات الاقتصادية مع مسألة الزيادة السكانية في مختلف البلدان العربية بشكل أو بآخر نتيجة للأنماط والأوضاع الاقتصادية المشار إليها. فإذا أخذنا المجتمعات الشرقية مثل مصر وسوريا والسودان والعراق وعددا من بلدان شمال إفريقيا المغرب والجزائر وتونس فإننا سنجد أبناء الطبقات الوسطى والأغنياء ومن بينهم مهنيون مثل الأطباء والمحامين والمدرسين والمهندسين يسعون لضبط عدد الأبناء في أسرهم من أجل التمكن من تعليم أفضل، ومن تحسين مستوياتهم المهنية وقد تميزت أسر أبناء المدن العربية، ومنذ تلك الحقبة، ومنها القاهرة ودمشق وبيروت وبغداد والخرطوم بمحدودية أعداد الأبناء وربما لا تزيد عن اثنين أو ثلاثة. لكن ظلت الأرياف خصبة ونادرا ما تجد أسرة بأقل من خمسة أو ستة أبناء .

غير أن بلدان الخليج التي لم تول قضية تنظيم الأسرة اهتمامات تذكر، وواجهت في سنوات الفقر، قبل عصر النفط، مشكلات صحية حيث توفي الكثير من الأبناء لأسباب مرضية مثل انتشار الجدري أو الحصبة أو أمراض أخرى مثل الإسهال والبرد وغيرها من أمراض لا تشكل مخاطر على الحياة في عصرنا الراهن. وعندما جاء عصر النفط وتحسنت الرعاية الصحية والوقاية من الأمراض والأوبئة أصبحت الأسر الخليجية تعج بالأبناء والبنات.

ونظرا لقدوم الوافدين للعمل في بلدان المنطقة وارتفاع نسبتهم قياسا للسكان الأصليين فقد تبنت الحكومات فلسفة تشجيع النسل ومنحت المواطنين حوافز مالية عند وجود الأبناء مثل العلاوات الاجتماعية وعلاوات الأبناء للعاملين في المؤسسات الحكومية. وبعد عمليات التجنيس في ستينيات وسبعينيات القرن العشرين التي أدت إلى ارتفاع أعداد المواطنين في بلدان الخليج، وبما أن معظم من تم تجنيسهم هم من الفئات غير المتعلمة وذات المهارات المحدودة ومن هم يتمتعون بقيم محافظة وتقليدية فقد أدى ذلك إلى ارتفاع أعداد المواليد ومعدلات النمو الطبيعية بين المواطنين في مختلف بلدان الخليج إلى مستويات قياسية لا توجد في أي من البلدان المتقدمة أو البلدان النامية.

وتتراوح معدلات النمو الطبيعية بين المواطنين في مختلف بلدان الخليج في الوقت الراهن بين 3, 2 إلى 3, 8 في المائة سنويا. وإذا كانت حكومات بلدان الخليج قد شجعت زيادة أعداد السكان من خلال تشجيع الولادات والنمو الطبيعي من أجل ضبط التركيبة السكانية ورفع نسبة المواطنين فإنها لم تفلح في ذلك نتيجة لطبيعة اقتصادياتها الريعية التي تؤثر توفير الخدمة للمواطنين وتزيد من الطلب على العمالة الوافدة، وخصوصا العمالة الهامشية، كلما ارتفع عدد المواطنين .

لا يعني ذلك أن البلدان العربية الأخرى قد تحررت من هموم الديمغرافيا فهي وإن كانت قد خفضت معدلات النمو الطبيعية لأسباب عديدة إلا أن قدراتها على مواجهة احتياجات ومتطلبات السكان تظل محدودة نظرا لمواردها الاقتصادية غير الكافية. ومن أهم الأسباب التي أدت إلى تراجع معدلات النمو السكاني في عدد من البلدان العربية هو انهيار الاقتصاد الزراعي في بلدان أساسية مثل مصر والسودان وسوريا والعراق وهجرة المواطنين من الريف إلى المدن واتساع رقعة الفقر في تخوم المدن وانتشار الأحياء العشوائية، كل ذلك في ظل فرص عمل محدودة مما أدى إلى تأخر سن الزواج للذكور والإناث .

لكن إذا كانت التطورات الديمغرافية في البلدان العربية تظل متباينة وفق الأوضاع الاجتماعية والمعيشية في هذه البلدان إلا أنه يجب الملاحظة بأن اقتراب أعداد سكان البلدان العربية مجتمعة إلى حدود الثلاثمائة مليون نسمة لابد أن يثير القلق في ظل إمكانيات اقتصادية محدودة وغير متجددة .الاقتصاد العربي يعاني من مشكلات هامة منها اعتماده الشديد على اقتصاديات النفط وعدم تطور القاعدة الصناعية التحويلية وتراجع الإنتاج الزراعي بسبب سياسات انتهجتها حكومات انقلابية منذ بداية الخمسينيات من القرن الماضي إلا أن المعضلة الأساسية هو عدم التمكن من بناء إمكانيات مهنية واعدة نتيجة لتخلف الأنظمة التعليمية وعدم تطورها. ما يزال التعليم في البلدان العربية، سواء التعليم العام أو التعليم العالي، يعاني التركيز على مفاهيم ومناهج تعليمية لا تتماشى مع متطلبات الاقتصاديات العصرية ولذلك فإن مخرجات التعليم لا تزال بعيدة

عن استيعاب العلم والمعرفة والثقافة الحديثة .

يبدو أن أمام العالم العربي تحديات هامة لمعالجة مشكلات الـديمغرافيا، وفي ذات الوقت لا أتصور أن الحكومات العربية تملك إستراتيجيات وخطط لمعالجة هذه المعضلة الأساسية. هـذه المعضـلة تمثـل شـأنا هامـا في عملية التنمية الاقتصادية ذلك أنه لا يمكن تصور تطورات اقتصادية وسياسية عندما يكون المواطنون غير مؤهلين مهنيا أو لا يشعرون بالأمان بشأن أوضاعهم المعيشية ولا تتوفر لهم فرص عمل ملائمة. مـن المهم، أيضـا، التأكيـد على أن منظومة القيم الاجتماعية والدينيـة لا تـزال تمثـل عائقـا مهمـا في مسـائل النمو السكاني وقضـايا الـزواج والعلاقات الأسرية.

فمثلا تعاني المجتمعات العربية من ظاهرة زواج الأقارب التي ينتج عنهـا الكثير مـن المعـوقين جسـديا وذهنيا ولم تتمكن الحكومات من سن قوانين أو أنظمة للحيلولة دون زواج الأقارب أو على الأقل لاشتراط الفحـص الطبي للمقبلين على الزواج .ونتيجة ذلك فقد ارتفعت أعداد المعوقين في العديد من البلدان العربيـة، وخصوصـا في بلدان الخليج، وهم لاشك يمثلون عبئا على أنفسهم وعلى أسرهم وعلى مجتمعاتهم .

يتضح مما سبق ذكره أن المجتمعات العربية التي تواجه مشكلات متنوعـة عليهـا أن تنتبـه لمعضـلة السكان وتحاول أن تجد حلولا تتوافق مع متطلبات بناء مجتمعات عصرية تعتمد على اقتصاديات متطورة تـدار بعناصر بشرية ذات كفاءة، فهل يمكن أن نزعم أن الحكومات العربية تولي هذه القضية اهتماما جديا ؟ بتقديري أن هذا التحدي الديمغرافي لا يمكن مواجهته من خلال الأنظمة والقرارات والتعليمات فهو يستدعي تبني حزمـة من النظم الاقتصادية والاجتماعية والتعليمية والإعلامية التي تؤدي إلى ارتفاع درجة الـوعي بـين المـواطنين وتعـزز مـداركهم وتجعلهـم أكثر إحساسـا بالمسؤولية المجتمعيـة وتعـزز وعيهـم بأهميـة دور كـل مـواطن في التنميـة الاقتصادية والإنسانية[1].

[1] عامر ذياب التميمي، مجلة المجلة، 2006/9/12

## الإعلان العربي عن التنمية المستدامة

في الخطاب العربي الموجه إلى مؤتمر القمة العالمي للتنمية المستدامة والذي عقد في جوهانسبيرج ج أفريقيا في شهر سبتمبر من عام 2002، ضمن الوزراء العرب من ذوي الإختصاص، الخطاب مجموعة من الأفكار والطموحات المرتبطة بأمر التنمية المستدامة، فهم يشيرون إلى الإعلانات ذات العلاقة وخاصة إعلان استكهولوم لمؤتمر الأمم المتحدة المعني بالبيئة البشرية (1971م) وإعلان ريو لمؤتمر الأمم المتحدة للبيئة والتنمية(1992م) وإعلان بربادوس بشأن التنمية المستدامة للدول الجزرية الصغيرة النامية (1994م) والإعلان العربي حول البيئة والتنمية تونس (1986م) والبيان العربي عن البيئة والتنمية وآفاق المستقبل القاهرة (1991م) وإعلان مالمو بمناسبة منتدى البيئة العالمي الأول (2000م) وإعلان جده حول المنظور الإسلامي للبيئة (2000م) وإعلان طهران حول الأديان والحضارات والبيئة (2001م) وإعلان أبو ظبي عن مستقبل العمل البيئي في الوطن العربي (2001م) وإعلان الرباط حول فرص الاستثمار من أجل التنمية المستدامة في الأراضي البعلية(2001م). وكذلك اعتماد منظمة المؤتمر الإسلامي (الدوحة نوفمبر / تشرين ثاني 2000م) لإعلان جدة،ومباركة مؤتمر القمة العربي (عمان مارس /آذار 2001م) لإعلان أبو ظبي، وتكليف مجلس الوزراء العرب المسئولين عن شؤون البيئة استكمال الإعداد العربي الجيد لمؤتمر القمة العالمي للتنمية المستدامة.

وبعد أن تدارسوا تقرير مستقبل العمل البيئي في الوطن العربي (2001م) وتقارير توقعات البيئة العالمية (2000م) GEO REPORTS وتقرير منتدى الشخصيات العربية المتميزة في مجال التنمية المستدامة ببيروت (2001م)، وتقرير المائدة المستديرة الأفريقية بالقاهرة (2001)،وتقرير المائدة المستديرة للشركاء المعنيين بالتنمية المستدامة بالبحرين)2001م) ونتائج وتوصيات المنتديات العربية لكل من المجتمع المدني (2001م) والصناعيين (2001م) والبرلمانيين العرب (2001م) والتقرير العربي

حول التنمية المستدامة الذي أعدته الامانة المشتركة (2001م).

وإذ يجددون الالتزام بالعمل معا في إطار المسؤولية المشتركة والمتباينة بين الدول المتقدمة والدول النامية لتحقيق التنمية المستدامة.

وإذ يتطلعون إلى مؤتمر القمة العالمي للتنمية المستدامة،الذي سيتم خلاله استعراض وتقييم لما تم تنفيذه من جدول أعمال القرن الحادي والعشرين خلال السنوات العشر الماضية، والذي سيوفر فرصة أخرى للمجتمع الدولي لوضع برامج محددة قابلة للتطبيق نحو تحقيق التنمية المستدامة، وذلك من خلال اتخاذ الإجراءات اللازمة لتنفيذ تعهدات والتزامات الدول وتعزيز التعاون الدولي للتصدي للتحديات التي تواجهها دول العالم وخاصة الدول النامية.

وحرصا على المشاركة الفعالة في قمة التنمية المستدامة،فقد تم على مستوى الوطن العربي التعاون بين جامعة الدول العربية ممثلة بمجلس الوزراء العرب المسؤولين عن شؤون البيئة وكل من برنامج الأمم المتحدة للبيئة واللجنة الاقتصادية والاجتماعية لغربي آسيا في تنظيم المنتديات الإقليمية للشركاء المعنيين في تنفيذ التنمية المستدامة، بالتعاون مع المنظمات العربية والإقليمية والدولية ذات العلاقة حيث تم استعراض ما أحرز من تقدم في تنفيذ جدول أعمال القرن الحادي والعشرين في مختلف المجالات، وبيان المعوقات والتحديات، ورسم الاستراتيجيات وتحديد الأهداف والأولويات للعمل المشترك، وتقديم الرؤية العربية للإطار العام للتعاون الدولي وآلية تحقيق ذلك.

وإذ يؤكدون أنه قد حدثت إنجازات كثيرة في مجال التنمية المستدامة في المنطقة العربية، شملت النواحي الاقتصادية، والاجتماعية، والبيئية والتي برزت آثارها جلية في حياة المواطن العربي الصحية والتعليمية والاقتصادية. ومن هذه الإنجازات ارتفاع مستوى دخل الفرد، وتحسين مستوى الخدمات الصحية والحضرية، وانخفاض مستوى الأمية وزيادة حصة المرأة العربية في التعليم وفرص العمل، وانخفاض نسبي في معدل النمو السكاني وارتفاع متوسط عمر الفرد، وإنشاء

وتطوير المؤسسات التنموية والبيئية،وسن وتطوير التشريعات، وبناء القدرات والمساهمة الإيجابية في تنفيذ الاتفاقيات الإقليمية والدولية وتعزيز التعاون الإقليمي في مختلف المجالات وخاصة منطقة التجارة الحرة العربية الكبرى، وتنفيذ مشاريع النقل والربط الكهربائي والغاز الطبيعي بين بعض الدول العربية، وتعزيز المجالس الوزارية العربية المختصة بالتعاون الإقليمي في مجالات التنمية، والاقتصاد، والتخطيط، والزراعة، والبيئة، والصحة، والإعلام، والخدمات. كما شهدت المنطقة العربية جهودا واعدة نحو ترشيد استهلاك الموارد الطبيعية وتناميا في دور القطاع الخاص والمجتمع المدني والمشاركة الشعبية.

وإذ يعون إنه بالرغم من النتائج الإيجابية التي تحققت، فإن جهود تحقيق التنمية المستدامة في الوطن العربي تواجه معوقات جمة، تمتد آثار بعضها لسنوات عدة، ومن أهمها:-

عدم الاستقرار في المنطقة الناتج عن غياب السلام والأمن وعدم تمكن المجتمع الدولي من معالجة القضية الفلسطينية والأراضي العربية المحتلة على أساس من العدالة وفي إطار القرارات الدولية ذات العلاقة.

مشكلة الفقر في بعض الدول العربية والتي تزداد حدة مع الأمية وارتفاع عدد السكان والبطالة وتراكم الديون وفوائدها والاستغلال غير الرشيد للموارد الطبيعية.

استمرار الازدياد السكاني في المدن العربية، واستمرار الهجرة من الأرياف إلى المناطق الحضرية وانتشار ظاهرة المناطق العشوائية، وتفاقم الضغوط على الأنظمة الإيكولوجية وعلى المرافق والخدمات الحضرية، وتلوث الهواء وتراكم النفايات.

تعرض المنطقة العربية بصفة عامة لظروف مناخية قاسية، وخاصة انخفاض معدلات الأمطار عن المعدل العام السنوي، وارتفاع درجات الحرارة في فصل الصيف ومعدلات البخر والنتح، مما أدى الى تكرار ظاهرة الجفاف وزيادة

التصحر.

محدودية الموارد الطبيعية وسوء استغلالها بما فيها النقص الحاد في الموارد المائية وتلوثها وندرة الأراضي الصالحة للاستغلال في النشاطات الزراعية المختلفة، وتدهور نوعيتهما، ونقص الطاقة غير المتجددة في بعض الأقطار العربية.

ضعف إمكانيات بعض المؤسسات التعليمية والبحثية العربية وتأخرها عن مواكبة مسيرة التقدم العلمي والتقني في العالم، وخاصة فيما يتعلق بتوفير مستلزمات التنمية المستدامة في الوطن العربي.

حداثة تجربة المجتمع المدني وعدم مشاركته الفعالة في وضع وتنفيذ استراتيجيات وبرامج التنمية المستدامة.

عدم موائمة بعض التقنيات والتجارب المستوردة من الدول المتقدمة مع الظروف الاقتصادية والاجتماعية والبيئية في الوطن العربي، ونقص الكفاءات الوطنية القادرة على التعامل معها.

نقص الموارد المالية وتدني وضع البنية التحتية في العديد من الدول العربية.

الحصار الاقتصادي على بعض الدول العربية.

وإذ يدركون أن هناك عددا كبيرا من التحديات والفرص المتاحة لتخطي الصعاب ولتحقيق التنمية المستدامة والمحافظة على البيئة في الوطن العربي والتي من أهمها:

الفقر الذي يشكل تحديا أساسيا في عملية تحقيق التنمية المستدامة في الوطن العربي، مما يتطلب الاستغلال الرشيد للثروات المتاحة، وإيجاد المناخ الملائم للاستثمار محليا وإقليميا وكذلك وضع آلية للتكافل الاجتماعي على المستوى الوطني اضافة إلى تحقيق التكامل بين الدول العربية في مختلف المجالات بما فيها إعطاء الأولوية للعمالة العربية لتساهم في الحد من البطالة وانتشار الفقر.

الزيادة المطردة في عدد السكان بالمنطقة العربية مقارنة بالموارد الطبيعية المتاحة وغياب التخطيط السليم للموارد البشرية.

ارتفاع نسبة تعداد الشباب في المجتمع العربي على الرغم من أنه يمثل مؤشرا ايجابيا للثروة البشرية، إلا انه في نفس الوقت يشكل تحديا جديا يتمثل في إيجاد البيئة الصالحة لتنشئتهم وتأهيلهم وتوفير فرص العمل المناسبة لهم.

الهجرة المتزايدة من الأرياف إلى المناطق الحضرية تتطلب إعطاء المناطق الريفية الأولوية عند إعداد البرامج التنموية والصحية والتعليمية، إضافة إلى الاهتمام بإنشاء بنى تحتية ومرافق خدمية لسد احتياجات المواطن العربي في الريف والحد من هجرته للمدن.

الاستغلال غير الرشيد للموارد الطبيعية وخاصة المائية والأرضية والطاقة يتطلب رفع مستوى الوعي والإدارة السليمة لتلك الموارد، وتشجيع أنماط الإنتاج والاستهلاك المستدام والتعاون والتكامل بين الدول العربية للمحافظة على هذه الموارد واستغلالها بما يحقق التنمية المستدامة.

العولمة وأثارها التي قد تحد من إمكانية تحقيق التنمية المستدامة في المنطقة العربية، والحاجة الى ترتيب المنطقة العربية لأوضاعها الاقتصادية والمؤسسية وإيجاد تكتل إقليمي عربي قوي مبني على المقومات الثقافية والحضارية والاقتصادية للمنطقة.

قيام كيان اقتصادي عربي قوي يتطلب تعزيز مقومات السوق العربية المشتركة والسعي نحو تكاملها لتوفير سوقا كبيرا للمنتجات العربية، ودعم الموقف التفاوضي للدول العربية مع التجمعات الإقليمية والتكتلات الاقتصادية الأخرى بما فيها منظمة التجارة العالمية.

نقل وتوطين وامتلاك التقنيات الحديثة بما يتناسب مع الظروف الاقتصادية والاجتماعية والبيئية في الدول العربية ودراسة تلك التقنيات المراد استيرادها وتقييم تطبيقاتها وآثارها المحتملة وتلافي سلبياتها قبل الشروع في تطبيقها في المنطقة.

صيانة الإرث الحضاري والديني الذي تنفرد به المنطقة العربية واستثماره لتحقيق التنمية المستدامة.

فإن الوزراء العرب المسئولين عن شؤون التنمية والتخطيط والبيئة يعلنون ما يلي:

**أولا:** إن تحقيق التنمية المستدامة في الوطن العربي يستوجب وضع استراتيجية عربية مشتركة ومتكاملة لتحسين الأوضاع المعيشية والاقتصادية والاجتماعية والصحية للمواطن العربي وصون البيئة في المنطقة العربية تأخذ بعين الاعتبار الظروف التاريخية والحاضرة للمنطقة والتنبوء بالمتغيرات المستقبلية والتطورات العالمية لإنجاز الأهداف التالية:-

- تحقيق السلام والأمن على أسس عادلة وإزالة بؤر التوتر وأسلحة الدمار الشامل وفي مقدمتها السلاح النووي من منطقة الشرق الأوسط.

- الحد من الفقر والبطالة.

- تحقيق المواءمة بين معدلات النمو السكاني والموارد الطبيعية المتاحة.

- القضاء على الأمية وتطوير مناهج وأساليب التربية والتعليم والبحث العلمي والتقني بما يتلاءم مع احتياجات التنمية المستدامة.

- دعم وتطوير المؤسسات التنموية والبيئية وتعزيز بناء القدرات البشرية وإرساء مفهوم المواطنة البيئية.

- الحد من تدهور البيئة والموارد الطبيعية، والعمل على إدارتها بشكل مستدام يحقق الأمن المائي والغذائي العربي والمحافظة على النظم الأيكولوجية والتنوع الحيوي ومكافحة التصحر.

- تطوير القطاعات الإنتاجية العربية وتكاملها وإتباع نظم الإدارة البيئية المتكاملة وأساليب الإنتاج الأنظف وتحسين الكفاءة الإنتاجية لرفع القدرة التنافسية للمنتجات العربية وتعزيز قدرات التنبوء بالحوادث الصناعية والكوارث الطبيعية والاستعداد لها.

- دعم دور القطاع الخاص ومؤسسات المجتمع المدني وفئاته وتشجيع مشاركتهم في وضع وتنفيذ خطط التنمية المستدامة وتعزيز دور المرأة ومكانتها في

المجتمع.

**ثانيا:** إن تحقيق أهداف التنمية المستدامة في الوطن العربي تتطلب صياغة أولويات العمل العربي المشترك على النحو التالي:

- تعزيز التعاون والتنسيق العربي مع المنظمات الإقليمية والدولية ومع دول العالم وخاصة الإسلامية ومجموعة دول الـ 77 والصين بما يحقق فرصا أفضل للتفاوض في المحافل الدولية والسعي نحو دعم هذه المجموعات لمساعي الدول العربية لتحقيق الأمن والسلام العادل والشامل في المنطقة العربية والعالم وفقا للشرعية الدولية.

- تطبيق سياسات متكاملة للحد من الفقر أهمها تيسير التأقلم مع سياسات الإصلاح الاقتصادي ورفع مستوى التأهيل المهني والتعليم العام والفني وإيجاد فرص العمل المناسبة للمواطن العربي، وترشيد وحسن استغلال الثروات المتاحة، وتعزيز التكافل الاجتماعي، وإيجاد حلول عملية لمشكلة الديون، وتعزيز دور القطاع الخاص والمجتمع المدني في المشاركة في وضع وتنفيذ برامج التنمية المستدامة.

- وضع سياسة سكانية متكاملة ومعالجة اختلال التوازن السكاني بين الريف والمدن.

- سن التشريعات الملزمة ووضع وتنفيذ السياسات المتكاملة على الصعيدين الوطني والإقليمي والتقييم الدوري لها ورفع الوعي لجميع فئات المجتمع وتطبيق سياسات إنمائية سليمة تأخذ بعين الاعتبار محدودية الموارد الطبيعية المتاحة وتوزيعها.

- تطبيق أساليب الإدارة المتكاملة للموارد المائية وتطوير مصادر إضافية للمياه كتحلية مياه البحر وتنمية الموارد المائية باستخدام تقنيات عملية ومتطورة كحصاد المياه وإعادة تدوير مياه الصرف المعالجة والحد من الفاقد.

- وضع سياسات اقتصادية وبيئية تأخذ بعين الاعتبار المحافظة على مصادر

الطاقة غير المتجددة وتطويرها وترشيد استغلالها والحد من آثارها السلبية على الإنسان والبيئة وتشجيع استخدام مصادر الطاقة المتجددة على أسس بيئية واقتصادية سليمة.

- ايلاء التنمية البشرية اهتماما أكبر في المنطقة العربية من خلال تعزيز السياسات الوطنية والإقليمية التي تهتم بصحة الإنسان ورعاية الطفولة والأمومة والشيخوخة وذوي الاحتياجات الخاصة وذلك للمحافظة على التماسك الأسري وتطوير مناهج التربية والتعليم في مختلف المراحل ودعم مراكز البحث العلمي والتقني, ورفع مستوى الوعي والثقافة والتأهيل.

- بذل المزيد من الجهود الإيجابية لتحقيق التكامل بين الإستراتيجيات الصحية والبيئية وخاصة من حيث توفير الغذاء ومياه الشرب السليمة، ومعالجة مياه الصرف والمخلفات الصلبة، والتحكم أوالحد من المخاطر المحتملة من الكيماويات والتلوث بمختلف أنواعه والمواد المعدلة وراثيا وتحقيق الآمان النووي في المنطقة العربية.

- تشجيع الاستثمار واستقطاب رؤوس الأموال إلى المنطقة العربية مع الأخذ بعين الاعتبار الأهداف الاجتماعية والاقتصادية والبيئية في الخطط والسياسات والبرامج القطاعية ودعم الفرص الجديدة لتحقيق التنمية المستدامة والحد من الآثار السلبية على الصحة والبيئة.

- تحديث التشريعات والقوانين، ودعم منطقة التجارة الحرة العربية الكبرى، وتطوير أساليب الإنتاج والتسويق للمنتجات العربية لجعلها أكثر قدرة على المنافسة في الأسواق العالمية، وحماية حقوق المؤسسات الصغيرة والمتوسطة الحجم بما في ذلك الصناعات والحرف والمعارف التقليدية.

- إدخال تحسينات ملموسة في البنية التحتية والمؤسسية وتحديث وسائل الاتصالات والمواصلات لتيسير انتقال الأفراد ورؤوس الأموال والمعلومات لتحقيق التكامل العربي وإرساء شراكه حقيقية بين القطاعين الخاص والحكومي.

- الحرص على الانضمام الى الاتفاقيات الدولية البيئية المتعددة الأطراف بما يخدم المصالح العربية، وتعزيز التعاون الإقليمي في مجال المحافظة على البيئة، ومساعدة الدول العربية والدول النامية الأخرى في التعامل مع الآثار الاقتصادية والاجتماعية المترتبة عن تنفيذ السياسات والبرامج الدولية لمعالجة المشاكل البيئية العالمية وتعويضها بما يكفل عدم إعاقة برامجها التنموية.

**ثالثا:** إن تحقيق التنمية المستدامة في ظل العولمة وتحرير التجارة الدولية والثورة المعلوماتية، وتعزيز التعاون بين الشعوب على أساس الحوار والتكامل بين الحضارات يتطلب إيجاد مزيد من الفرص للدول النامية والاتفاق على آليات جديدة للحكمية السليمة Good Governance تستند إلى المبادئ الدولية واحترام حقوق الشعوب في التنمية المستدامة على النحو الوارد في إعلان ريو الصادر عن مؤتمر الأمم المتحدة للبيئة والتنمية وذلك من خلال ما يلي:

**أ- منظمة التجارة العالمية:**

أن تعمل منظمة التجارة العالمية على تحقيق الأهداف التي أنشئت من أجلها المتمثلة في فتح الأسواق أمام صادرات الدول وعدم استخدام أي عوائق للحد من قدرة الدول النامية على التنافس.

**ب- المعلوماتية:**

أن يسعى المجتمع الدولي لتيسير وإتاحة التقنيات المعلوماتية والاتصالات الحديثة التي من شأنها ترشيد استخدام الموارد والنقل والطاقة وتسهيل تنفيذ ومتابعة سياسات التنمية المستدامة.

**جـ- الحكمية وآليات تطويرها:**

- العمل على تعزيز دور جامعة الدول العربية ومنظماتها المختلفة ومجالسها الوزارية ذات العلاقة بالتنمية المستدامة وتطوير آليات عملها بما يمكنها من تنفيذ الاستراتيجيات والبرامج الخاصة بالتنمية المستدامة بأسلوب متكامل.

- تطوير مؤسسات العمل التنموي والبيئي في الوطن العربي ودعم نشاطاتها على

الصعيدين الوطني والإقليمي لتساهم في تعبئة قطاعات المجتمع المختلفة مع الجهـات الحكوميـة ذات العلاقـة لضـمان التخطيط السـليم والتنفيـذ المـنظم لـبرامج التنمية المستدامة وذلك كل في مجال اختصاصه.

- تعزيز الشراكة مع مؤسسات المجتمع المدني والقطاع الخاص لغرض توسيع قاعدة عملية صنع القرار فيما يخص التنمية المستدامة.

- العمل على تعزيز دور الأمم المتحـدة ومنظماتها المختلفـة ذات العلاقـة بالتنميـة المسـتدامة وتطوير آليات عملها بما يمكنها من تنفيذ الإستراتيجيات والبرامج الخاصة بالتنمية المستدامة بأسـلوب متكامـل ودعوتها لتوثيق التعاون مع جامعة الدول العربية ومؤسساتها.

## د- الآليات التمويلية في الإطار الإقليمي:

1. تطوير الصناديق القائمة في الدول العربية والإسلامية والتي تساهم في تمويل مشاريع التنمية المستدامة.
2. ايلاء الأولوية في التمويل على المستوى الوطني لتنفيذ مشاريع التنمية المستدامة وتحسين أوضاع البيئة.
3. التركيز على مبادئ التكافل الاجتماعي ودعم المؤسسـات غـير الحكوميـة وتحفيز إسهاماتها في التنميـة المستدامة.

## هـ- الآليات التمويلية في الإطار الدولي:

- وفاء الدول المتقدمة بالعهد الذي دعت إليه الأمم المتحـدة، وأكـد عليـه مؤتمر الأمم المتحـدة للبيئـة والتنمية وهو زيادة المساعدات الرسمية للدول النامية لتصبح 0.7% من إجمالي الناتج المحلي الإجمالي للدول المتقدمة.

- تعزيز موارد مرفق البيئة العالمي بما يتفق مع مستوى المساعدات الرسمية للدول النامية وذلك لـدوره الهام كآلية مالية أساسية لتمويل الأنشطة التنموية والبيئية, وتخصيص مزيد من المـوارد للمساعدة في تنفيذ برامج الاتفاقيات المتعددة الأطراف ذات العلاقة، وإعطاء فرص متكافئة وعادلة لجميع الدول

- النامية للاستفادة من هذا المرفق العالمي، وتبسيط إجراءات الحصول على تمويل لمشاريع التنمية المستدامة من المرفق.
- تشجيع الاستثمار الأجنبي المباشر لدعم الموارد التمويلية الوطنية وجهود القطاع الخاص لتحقيق التنمية المستدامة.
- تعزيز الربط بين سكرتاريات الاتفاقيات الدولية المعنية بالبيئة والمنظمات الدولية والإقليمية المتخصصة بما يحقق مزيدا من الدعم لبرامج التنمية المستدامة في الدول النامية.

**و- آليات الرصد والمتابعة:**

إنشاء آليات للرصد والتدقيق لبرامج التنمية المستدامة والتقييم المستمر لهذه البرامج وتطويرها حتى يتسنى ضمان توافقها وفاعليتها في تحقيق أهدافها.

تطوير مجموعات متوائمة من المؤشرات والمعايير لقياس مدى تطور التنمية بالمنطقة العربية في اتجاه الاستدامة وإجراء تقييم دوري لتوجيه مساراتها [1].

---

[1] مؤتمر القمة العالمي للتنمية المستدامة (الإعلان العربي) 26 أوغسطس - 4 سبتمبر 2002

# الفصل الثاني

## مشكلات اجتماعية

# الباب الاول

# الطفولة

"أطفال الشوارع" اصطلاح بات معروفا في أدبيات التنمية البشرية، وهو من أهم القضايا وأخطرها لتداخل أبعادها الإنسانية والاجتماعية والاقتصادية والسياسية والأمنية، ولتزايدها باطراد واستفحالها في بلدان نامية ومتقدمة، ولذلك فهي مشكلة عالمية تطورت إلى ظاهرة تفرض نفسها وتستقطب اهتمام المعنيين بالتنمية البشرية وحقوق الإنسان. فمرحلة الطفولة تتصف بحساسية شديدة كونها المرحلة التي تتأسس عليها حياة الإنسان، ولذلك فهي تتطلب الرعاية والحماية من خلال توفير عوامل وبيئات التنشئة المتوازنة، ففي هذه المرحلة يتشرب الطفل القيم والسلوكيات وتتشكل رؤيته لمحيطه من أسرة ومجتمع، ومن هنا فإن حدوث أي خلل يدفع بالطفل إلى الشارع معناه أن حياته أصبحت مهددة، حاضرا ومستقبلا.

## من هم أطفال الشوارع؟

طفل الشارع، وفق التعريف الذي توصلت إليه الأمم المتحدة عام 1986 هو "أي طفل ذكرا كان أو أنثى، اتخذ من الشارع (بما يشمل عليه المفهوم من أماكن مهجورة..الخ) محلا للحياة والإقامة دون رعاية أو حماية أو إشراف من جانب أشخاص راشدين مسئولين ".

وهنالك تعريف أكثر قدرة على تفسير المشكلة والدفع إلى إيجاد حلول جذرية لها، وهو أن: " طفل الشارع هو ذلك الطفل الذي عجزت أسرته عن إشباع حاجاته

95

الأساسية الجسمية والنفسية والثقافية كنتاج لواقع اجتماعي اقتصادي تعايشه الأسرة، في إطار نظام اجتماعي أشمل، دفع بالطفل دون اختيار حقيقي منه إلى الشارع، يمارس فيه أنواعا من النشاطات لإشباع حاجاته، من أجل البقاء، مما يعرضه للخطر وللاستغلال والحرمان من ممارسة حقوقه المجتمعية وقد يعرضه للمساءلة القانونية بهدف حفظ النظام العام".

ويذهب بعض العاملين في حقل رعاية الطفولة إلى التمييز بين فئتين من أطفال الشوارع:

- الأطفال الذين يعيشون في الشارع Children living on the street أي الذين يتصف وجودهم في الشارع بالاستمرارية.
- الأطفال الذين يعيشون على الشارع Children living off the street، الذين يمارسون مهنا هامشية في الشارع ولكنهم في الوقت نفسه على اتصال بأسرهم ويقضون جزءا من اليوم في سكن يجمعهم مع الأسرة.

## نشأة الظاهرة وتطورها؟

تعود الظاهرة في نشوئها وتطوراتها وتفاقمها إلى العديد من المشكلات والأسباب الاقتصادية والسياسية والأسرية والبيئية، التي يتشكل في إطارها المناخ العام لبروز الظاهرة ونموها. وفي الوطن العربي، ساعدت التغييرات الاجتماعية والاقتصادية والسياسية المتلاحقة خاصة خلال العقد الأخير من القرن العشرين على نمو الظاهرة، وتمثلت هذه العوامل (مع تفاوت درجاتها وأسبابها وحجمها من دولة عربية إلى أخرى). فالزيادة السكانية في عدد من الدول العربية، وازدياد معدلات الهجرة من الريف إلى المدن الكبرى والعواصم، والصراعات الداخلية والنزاعات المسلحة، وظروف الاحتلال، ومشكلات التفكك الأسري، وارتفاع معدلات الفقر، والتسرب من التعليم، بالإضافة إلى الكوارث الطبيعية. وقد كشفت البحوث التي

أجريت على أطفال الشوارع أنهم جميعا من منخفضي التعليم وكذلك والديهم وأسرهــم المبـاشرة.

ويعد قرار عدم إلحاق الأطفال عموما بالتعليم الأساسي أو تسربهم منه قرارا أسريا في المقام الأول، حيــث أن الأوضاع التعليمية لأطفال الشوارع تتوقف على الظروف الاقتصادية لأسرهــم، وعلى توجهـات أفـراد الأسرة الكبار نحو التعليم أكثر مما تتوقف على رغبة الأطفال أنفسهم في التعليم.

ورغم أن الفقر من الأسباب الرئيسة للتسرب من التعليم فإن نظام التعليم القائم والمتاح حاليـا في كثير من البلاد العربية يعاني من أوجه قصور عديدة تساهم في ارتفاع نسبة التسرب ومنها؛ ارتفاع تكـاليف الدراسة،عدم تلاؤم المنهج مع احتياجات الطفل والأسرة وسوق العمـل، عـدم وجـود مشرفين اجتماعيـين في المدارس لحل المشكلات التي تواجـه التلاميـذ بأسـلوب يختلـف عـن الشـدة التي يمارسها بعض المعلمـين، بالإضافة إلى تدني كفاءة المعلمين وميلهم إلى استخدام أسلوب التلقين، واستخدام أساليب عنيفة في العقاب.


**انتشار الظاهرة وحجمها عالميا:**

لا توجد إحصاءات دقيقة عن حجم ظاهرة أطفال الشوارع، وتضارب البيانات والإحصاءات مـرده إلى تداخل المفاهيم والتعريفات حول من هو طفل الشارع. فهنالك تقديرات تشير وجود ما يزيد عن 100 - 130 مليون طفل شارع في العالم، وقدرت منظمة ChildHope الدولية عام 1991 وجود ا يزيد عـلى 100 مليون طفل شارع، منهم 40 مليون في أمريكا اللاتينية وأمريكا الوسطى، 25 ـ 30 مليون في آسـيا، 10 ملايـين في أفريقيا، 20 ـ 25 مليون في أنحاء متفرقة من العالم.

عربيا: يقدر عدد أطفال الشوارع في الوطن العربي بـ (7 - 10) مليون طفـل، وتوضح الكثير مـن المؤشرات والدلائل أن الظاهرة آخذة في الازدياد والتفاقم.

وبالاستناد إلى إحصاءات تقديرية أجرتها عدد من الدول العربية التي اعترفت بوجود الظاهرة استشعرت خطورة الظاهرة يعيش في المغرب 234 ألف طفل شارع، وفي مصر نحو 93 ألف، وفي السودان 37 ألف، في اليمن 7 آلاف، وفي لبنان نحو 3500.

ومع قصور الإحصاءات وعدم دقتها تشير الدراسات الاجتماعية (على قلتها) إلى تفاقم مشكلة أطفال الشوارع في الوطن العربي. مخاطر تتولد من الظاهرة نظرا لفقدان الحماية والإرشاد وغياب الرقابة الإيجابية يكون طفل الشارع معرضا باستمرار لجملة من الأخطار والمشكلات المصاحبة لبقائه في الشارع فضلا عما يتبع ذلك من أساليب قد يلجأ إليها الطفل للتكيف مع البيئة المحيطة والتأقلم معها من أجل البقاء. فذلك يجعل الطفل معرضا للعديد من المشكلات والأخطار السلوكية والصحية والنفسية الناجمة عن تعرضه للعنف، وللأمراض مثل أمراض سوء التغذية والأمراض الجلدية والجنسية، ومضاعفات تعاطي المواد الضارة والمخدرة.

## مواجهة الظاهرة ومعالجتها

- المنظور الحكومي: معظم البرامج والأساليب الحكومية للتعامل مع هذه الظاهرة مازالت تعتمد في مجملها على الحلول المؤسسية التقليدية، وذلك من منطلق تصنيف الظاهرة على أنها انحرافية، وبرغم ذلك أيضا لا يتصف هذا التعامل بالاستمرارية، ولا بالتصدي للعوامل الجذرية المنتجة للظاهرة والتي يعد هؤلاء الأطفال ضحية لها، وتفتقد أساليب التعامل التقليدية تبنى وتطوير البرامج التي تتوجه مباشرة إلى أطفال الشوارع لإعادة بنائهم وإدماجهم في المجتمع من ناحية، ومعالجة الظروف الأسرية التي أدت بهم إلى الشارع من ناحية أخرى.

- إسهام المجتمع المدني : في ما يختص بدور المجتمع المدني العربي في مواجهة هذه الظاهرة فإن الخدمات التي تقدمها الجمعيات الأهلية ما تزال محدودة وتغطي نسبة بسيطة للغاية من الأطفال، وذلك نتيجة لضعف القطاع الأهلي في

العالم العربي. كما أن معظم معالجات هذا القطاع تتجه إلى المنحى الرعائي، أي التركيز على أعراض الظاهرة دون أسبابها ودون وضعها في سياقها الاجتماعي الاقتصادي. فمعالجة قضية أطفال الشوارع بعيدا عن الظروف التي قذفت بهؤلاء إلى الشارع تكون قاصرة وتشكل استجابة مؤقتة للاحتياجات البيولوجية للطفل.

المشروع العربي للتصدي للظاهرة بالنظر إلى القصور الواضح في التعاطي مع الظاهرة شرع برنامج الخليج العربي لدعم منظمات الأمم المتحدة الإنمائية (أجفند) في التأسيس لرؤية معمقة للتعامل معها بصورة متكاملة محورها أن التصدي لمشكلة أطفال الشوارع لا يتعلق فقط بالبعد الحقوقي والإنساني ولكنه أيضا وعلى نفس القدر يتعلق بالبعد التنموي، لأن التصدي لمشكلة أطفال الشوارع هو التصدي لمشكلات التنمية التي تتفاقم لتضع المجموعات الاجتماعية الأقل حظا في التنمية في دائرة مفرغة من الفقر والجهل، اللذين يؤثران سلبيا على التنمية.

وعليه فإن التعامل مع ظاهرة أطفال الشوارع لن تكون مؤثرة وفاعلة إذا لم تتم في إطار استراتيجية لمكافحة الفقر، لأن معالجة الظاهرة هي جزء لا يتجزأ من تحقيق التنمية المستدامة. ومن هنا تقوم قراءتنا لظاهرة أطفال الشوارع على أنها مشكلة تتطلب مواجهة قومية تقوم على الجهد الجماعي المنظم والمتكامل للمؤسسات الحكومية ومنظمات المجتمع المدني والقطاع الخاص، ووضع الآليات التي تضمن أكبر قدر ممكن من التنسيق والفاعلية في المشاركة بين جميع الأطراف المجتمعية لتنفيذ استراتيجية واضحة المعالم تضمن تغيير رؤية المجتمع السلبية والرافضة لهؤلاء الأطفال. ومن هذا المنطلق قام (أجفند) والمجلس العربي للطفولة والتنمية (المؤسسة التنموية المتخصصة التي أنشأها أجفند) عام 1999 بتبني مشروع عربي لمعالجة الظاهرة. وقد تم فتح حسابات مالية خاصة بالصرف على المشروع في الدول العربية التي تعاني من الظاهرة.وقد تلت هذه الخطوة تطورات مهمة تمثلت في:-

- وضع وثيقة المشروع

- تنظيم ورشة عمل إقليمية لمناقشة وثيقة المشروع.

- إصدار أول مجلد متكامل عن أطفال الشوارع.

- تنظيم أول حفل خيري لصالح أطفال الشوارع، أقيم بالقاهرة عام 2001م

- إنتاج فيلم وثائقي عن المشكلة في مصر بالتعاون مع جمعية قرية الأمل التي تعد من أوائل المبادرات الأهلية لمعالجة المشكلة.

وفي ضوء ما تحقق من تقدم أدى إلى وضوح الرؤية في إطار تنفيذ المشروع العربي تم في عام 2003م وضع استراتيجية عربية للتصدي للظاهرة والتنسيق مع الدول المشاركة في المشروع العربي (السودان، المغرب، اليمن، لبنان، مصر).

وفي إطار تنفيذ الاستراتيجية تم في عام 2003 عقد دورة تدريبية في مجال إعداد مشاريع لأطفال الشوارع، بالتعاون مع المكتب الإقليمي لليونسكو ومنظمة الأسيسكو، حضرها في بيروت ممثلون عـن المجالس العليا والجمعيات الأهلية النشطة في مجال أطفال الشوارع في الدول العربية. وتتوالى متابعة خطى الاستراتيجية من خلال تأهيل المتعاملين المباشرين وفي هذا السياق يجرى حاليا وضع أدلة تدريبية لمعلمي أطفال الشوارع بالتعاون مع المكتب الإقليمي لليونيسكو، كما يجري الإعداد لدورة تدريبية تعقد في المغرب خلال نوفمبر 2004. جائزة (أجفند) وأطفال الشوارع لا تتوقف جهود (أجفند) وإسهاماته في معالجة ظاهرة أطفال الشوارع عند الرؤية الواضحة التي قدمها عربيا ودعم خطوات المشروع العربي الذي بلوره مـن خلال المجلس العربي للطفولة والتنمية، ولكن دور (أجفند) في هذا المجال نطاقه عالمي، ليس فقط بالإسهام في تمويل المشروعات التي تتعامل مع الظاهرة وتقدمها منظمات الأمم المتحدة والمنظمات الدولية والإقليمية والجمعيات الأهلية، ولكن أيضا من خلال جائزته العالمية، جائزة برنامج الخليج العربي للمشروعات التنموية الرائدة، التي تكرم أصحاب المبادرات وتشجعهم وتحض على

نشر الافكار التنموية الناجحة.

فرؤية (أجفند) أن الجائزة فضلا عن أنها أسلوب للتكريم وللحفـز والتشـجيع هـي وسـيلة أخـرى للدعم التنموي وتمويل المشروعات، فالجائزة تساعد في توسيع المشروعات وزيادة أعداد المستفيدين. ومن منطلق هذه الرؤية منحت جائزة الفرع الثالث في العام الأول 1999م لمشروع رائد في " تأهيل أطفال الشوارع والمشردين ودمجهم في المجتمع "، وهو مشروع " أميـزاد " AMIZADE " FRICDSHIP "، الـذي نفذه في البرازيل الدكتور دانيال ويس Daniel A. Weiss. و" أميـزاد AMIZADE كلمـة برتغاليـة تعنـي " الصداقة ". والمشروع مركز للتدريب المهني أقيم في مدينـة سـانتاريم، لتـدريب أطفـال الشـوارع وإكسـابهم مهارات تعينهم على إيجاد عمل يؤمن لهم دخلا، وينتشلهم من حياة الشوارع، ويكسبهم المهارات، ويحسـن أوضاعهم المعيشية، ويفتح أمامهم آفاقا لمستقبل أفضل.

وقد تم تنفيذ المشروع ليصبح تابعا لمنظمة ostoral do Menol، وهـي منظمـة غـير حكوميـة تأسست عام 1987م لمحاربة مشاكل العنف وسوء استغلال أطفـال الشـوارع، وقـد اسـتطاع AMIZADE بمساعدة منظمات أخرى تأسيس هذا المركز الذي يقدم خدمات لحوالي 800 طفل في العام. وانطلاقا مـن النجاح الذي حققه هذا المشروع في البرازيل، بدأت مساع لإقامـة مشروع مماثـل لمركز سـانتاريم لتـدريب أطفال الشوارع مهنيا في كل من بوليفيا واستراليا والولايات المتحدة. وهكـذا يعـزز أجفند جهـود الحـد مـن ظاهرة أطفال الشوارع بمساعدة أصحاب الإسهامات الرائدة في تقديم حلول للمشكلات القائمة، ومـن خـلال تشجيع نقل المشروعات الرائدة الفائزة بالجائزة وتعميم أنماطها وتنفيذها في مناطق أخرى، وأيضا باتخـاذ خطوات استباقية لمواجهة العوامل التي تفاقم الظاهرة ومنها الإسهام في مكافحـة إهمال الأطفال والإسـاءة إليهم، وفي هذا الصدد منح أجفند جائزته (في الفرع الثاني) عام 2003 م لمشروع (خط الطفل Child Line) في الهند لتقديمه حولا مبتكره للتعامل مع هـذه الظاهرة التي تتفشى-عالميا. وفي السعودية بـادر أجفند بتنظيم ندوة كبرى

شـاركت فيهـا جهـات علميـة وقانونيـة واختصاصيـون في تنميـة الطفولـة. وقـد خرجـت النـدوة بتوصيات تتخذ طريقها في التنفيذ لمواجهة الإساءة للأطفال [1].

## برنامج الخليج العربي لدعم منظمات الأمم المتحدة الإنمائية

رغم الإنجازات المهمة التي تحققت في مجال خفض معدلات وفيات الأطفال في العالم العربي خلال العقد الماضي، لا يزال حوالي 600.000 طفل دون الخامسة يتوفون كل سنة. هذا ويمكن تجنب نصف هذه الوفيات - على الأقل - من خلال تدخلات مثل التغذية المحسنة والتحصين ضد الأمراض، حسبما ذكر تقرير " التقدم من أجل الأطفال"، الذي أطلقته منظمة الأمم المتحدة للطفولة (يونيسف).

يقيس هذا التقرير الجديد مدى التقدم الذي حققته الحكومات في الوفاء بالتزاماتها التي وافقت عليها في الدورة الخاصة للجمعية العامة للأمم المتحدة - 2002، حيـث يتنـاول الهـدف الرابـع مـن أهـداف التنمية الألفية وهو: "تحقيق خفض في معدلات وفيات الأطفـال دون الخامسـة، بمقـدار الثلثـين، بـين عـامي 1990 و2015". وتُظهر التوقعات الحالية لليونيسف أن حوالي 53 دولة نامية ستحقق هـذا الهـدف. أمـا في منطقة الشرق الأوسط وشمال إفريقيا، فإن ثلثي دول المنطقة بدأت تسـير في الاتجـاه الصحيـح، اعتبـارا مـن عام 2002، نحو تحقيق هدف التنمية الألفية الرابع.

لقد نجح العالم العربي في تحقيق تراجع كبير في معدلات وفيات الأطفال الرضع ومعـدلات وفيـات الأطفال دون الخامسة في العقود الثلاثة الأخيرة، ولكنه ما زال يواجه تحديا يتمثل في الوقايـة مـن الوفيـات التي تسببها الأمراض المُعدية والطفيلية والسارية، والتي كثيرا ما تكون مرتبطة بالافتقار إلى إمكانية الحصول على مياه الشرب المأمونة، ورداءة مرافـق الصرف الصحـي وسوء التغذيـة أثنـاء الطفولـة المبكـرة. ومـع أن المنطقة العربية حققت تقدما جيدا في مجال خفض وفيات

[1] المشروع العربي للحد من ظاهرة أطفال الشوارع ـ لندوة بيروت posted: 12/09/2004

الأطفال، ولا سيما إذا قورنت بمناطق أخرى (شرق آسيا والمحيط الهادي، والدول النامية ودول إفريقيا الواقعة جنوب الصحراء الكبرى)، إلا أنه مضى على العالم العربي عقدا من الركود في مجال الخفض المستدام لوفيات حديثي الولادة. وستحتاج الآن بعض الدول في المنطقة، التي كان أداؤها مقبولا، إلى تكريس جهود أكبر للحد من وفيات الأطفال الرضع، في حين ستحتاج الدول الأخرى، التي تشهد معدلات وفيات أعلى، إلى إعادة تنشيط استراتيجياتها الأساسية الخاصة بقضية بقاء الطفل.

وقد علق على ذلك السيد توماس مكديرمُت، المدير الإقليمي لليونيسف لمنطقة الشرق الأوسط وشمال إفريقيا، بالقول :"مع أن حصول العالم العربي على مرتبة أفضل من المتوسط العالمي لمعدل خفض وفيات الأطفال أمر جدير بالثناء والتقدير الكبير، إلا أن المتوسطات الاقليمية تخفي في طياتها الظروف في عدد من الدول حيث يبقى معدل وفيات الأطفال مرتفعا بشكل مدهش. كما أن هناك عدد من الدول انتكست أوضاعها. ولما كانت دول المنطقة تمر بمرحلة دقيقة فإننا لا ينبغي أن نتقاعس بسبب تحسن المتوسط العام."

تجدر الإشارة إلى أن اليونيسف تعتبر معدلات وفيات الأطفال الرضع ومعدلات وفيات الأطفال مؤشرات مهمة على مدى تطور الدولة وتنميتها.

ومع بقاء أمراض الملاريا، والإسهال، والتهابات الجهاز التنفسي الحادة والوفيات الناجمة عن فترة ما قبل الولادة وأثناءها وبعدها بين أكبر الأسباب القاتلة للأطفال في العالم، فإن العالم العربي يحتاج إلى تحسين نوعية الخدمات الصحية التي يتم توفيرها للأطفال إلى جانب تحسين إمكانية الحصول عليها، وتوسيع نطاق التغطية التحصينية ضد الأمراض، وتوفير رعاية ما قبل الولادة والرعاية الولادية الطارئة للحوامل.

وتضع أهداف الأمم المتحدة للتنمية الألفية الخاصة بخفض معدلات وفيات الأطفال بمقدار الثلثين بين عامي 1990 و2015، معايير دقيقة لقياس النتائج المتحققة في الدول النامية، وللدول الغنية لكي تساعد في تمويل برامج التنمية.

## فهم المتغيرات في بيئة متنوعة

لقد حققت دول الخليج العربي أدنى معدلات وفيات الأطفال في العالم العربي (11.3 وفاة لكل 1000 ولادة حية). إن هذه الأرقام لا تدل فقط على إيقاف الارتفاع في معدلات وفيات الأطفال الرضع فحسب، بل إنها تكشف أيضا عن حدوث تقدم كبير في الجهود التي تبذلها دول الخليج لمكافحة الأمية وتحسين الخدمات والمرافق الصحية. فقد حققت الإمارات العربية المتحدة أعلى معدلات الأداء في خفض معدلات وفيات الأطفال في المنطقة: 9 وفيات بالنسبة لمعدل وفيات الرضع، و8 بالنسبة لمعدل وفيات الأطفال دون الخامسة، وهي نتيجة تعادل تلك التي حققتها كل من سلوفاكيا، وتشيلي وكوستاريكا.

ووفقا لمنظمة الصحة العالمية، فإن الإمارات العربية المتحدة، وسلطنة عمان، وقطر، والمملكة العربية السعودية، وتونس وليبيا كانت من بين الدول التي حققت أعلي معدلات الخفض في وفيات الأطفال دون الخامسة بين عامي 1970 و2000. (بين 10-25 لكل 1000 ولادة حياة). غير أنه وفي المناطق التي لوحظ فيها تحقيق تقدم مستدام، فإن التدخلات اللازمة لتحقيق المزيد من الخفض في معدلات وفيات الأطفال ستحتاج إلى تغيير. ومع أن العديد من دول المنطقة يسير في الاتجاه الصحيح نحو خفض معدلات وفيات الأطفال دون الخامسة، فإن البيانات الإحصائية الأخيرة تكشف النقاب عن أن الدول ذات الدخل المتوسط والمرتفع تحتاج الآن إلى التركيز على العوامل التي تؤدي إلى وفيات حديثي الولادة.

وحتى في الدول التي حققت مؤشرات صحية جيدة وتتمتع بناتج قومي إجمالي مرتفع، فإن سوء التغذية المبكر والوزن المنخفض عند الولادة يعتبران من التحديات الرئيسة. ويعود ذلك، في جزء كبير منه، إلى ضعف صحة الأمهات، وسوء التغذية، وارتفاع معدل انتشار فقر الدم وما يقترن به من تراجع في مستوى الرضاعة الطبيعية الخالصة والممارسات الغذائية التكميلية غير الكافية وغير

الملائمة.

وعلى النقيض من ذلك، فإن الأطفال في الدول التي حققت أعلى معدلات وفيات الأطفال في العالم العربي (الصومال، وجيبوتي، وموريتانيا، واليمن والسودان) يواجهون تحديات رئيسة تتمثل في سوء التغذية والافتقار الخطير إلى إمكانية الحصول على المياه الصالحة للشرب، ورداءة مرافق الصرف الصحي (انتشار الأمراض المنقولة عن طريق المياه، والكوليرا، والتيفوئيد والإسهال)، والرعاية غير الملائمة وغير الكافية للأمومة ولصحة الطفل (تعقيدات ما قبل الولادة، وارتفاع معدلات وفيات الأطفال ومعدلات الوفيات في مرحلة ما قبل الولادة وأثناءها وبعدها)، وارتفاع نسبة الأمية بين النساء.

ورغم الحقيقة التي مفادها أن معدلات وفيات الأمهات قد انخفضت انخفاضا كبيرا ومهما في الدول العربية على مدى العقد الماضي، فإن المتوسط الإقليمي لهذه المعدلات يظل أعلى من نظيره في الدول النامية. ويلاحظ أن المعدل تراوح بين 23 في المملكة العربية السعودية و550 في السودان في عام 2000. وذكر ما لا يقل عن ثماني دول معدلات مرتفعة لوفيات الأمهات في تقاريرها (أعلى من 100 وفاة في كل 100.000 ولادة حية). ورغم التحسينات التي تحققت في مجال التحصين ضد الأمراض، ما يزال يتعين على المنطقة استئصال شلل الأطفال - وهو هدف كان من المفروض إنجازه بحلول عام 2000، ولكنه لم يتحقق.

وعلى الرغم من انخفاض المستوى الحالي لانتشار فيروس نقص المناعة البشرية في العالم العربي، إلا أن المنطقة العربية تشهد ثاني أسرع معدل لارتفاع نسبة الانتشار في العالم بسبب ازدياد عوامل الخطورة (ممارسة النشاط الجنسي قبل الزواج أو خارج إطار الزوجية، وممارسة الجنس للأغراض التجارية، وتعاطي المخدرات عن طريق الحقْن). وما لم تُبذل الجهود اللازمة في الوقت المناسب، فإن فيروس نقص المناعة البشرية يهدد بعكس اتجاه مسار المكاسب التي تحققت في مجال "بقاء الطفل" في المنطقة.

**تحقيق متوسط إقليمي جيد، قد لا يكون جيدا لبعض الدول**

قد لا تعمل التعميمات الإحصائية دائما على التنبيه إلى الخطر بشأن دول أو مناطق معنية، تتمتع بدخل منخفض أو عصفت بها الأزمات أو تعاني من الدخل المنخفض والأزمات معا. فجيبوتي، على سبيل المثال، تشهد معدل لوفيات للأطفال الرضع يصل إلى 100 وفاة لكل 1000 ولادة حية، ومعدل وفيات للأطفال دون الخامسة يبلغ 143 وفاة لكل 1000 ولادة حية، وبذلك فهي تأتي في المرتبة الثانية بعد الصومال من ناحية سوء أوضاع الطفولة. أما الأسباب الرئيسة للوفاة فهي الأمراض الناجمة عن الإسهال، والملاريا، والتهابات الجهاز التنفسي الحادة، وسوء التغذية.

وأما السودان، فيشهد معدل وفيات للأطفال الرضع يصل إلى مستوى 64 وفاة لكل 1000 ولادة حية، ومعدل وفيات للأطفال دون الخامسة يبلغ 94 وفاة لكل 1000 ولادة حية، وهو متوسط من المحتمل أن يتضاعف كثيرا بسبب أثر النزاع المستمر والنزوح والتشرد الذي تواجهه النساء والأطفال. ففي سبتمبر/أيلول الماضي، نشرت منظمة الصحة العالمية دراسة حول الوفيات في إقليم دارفور، تشير إلى وفاة عدد يتراوح بين 6.000 إلى 10.000 شخص شهريا في الإقليم. إن معظم هذه الوفيات يتعلق بأمراض ناجمة عن الإسهال، مع أن الوفيات المترتبة على العنف لا تزال أكبر أسباب الوفاة للسكان في الفئة العمرية 15 – 49 عاما.

لقد رسخت الحرب أيضا أسباب الفقر والوفيات في الدول التي كانت تعاني من الاستقرار سابقا، كالعراق مثلا، الذي يمثل حالة تُسهم بوضوح في تحقيق انخفاض مهم في متوسط الوفيات في هذه المنطقة. وفي الواقع فإن العراق يعتبر الدولة العربية الوحيدة التي ارتفع فيها معدل الوفيات بين عامي 1990 و2002، حيث يتوفى فيه طفل من كل 10 أطفال قبل بلوغهم سن الخامسة.

وبالمقارنة، فإن عددا من الدول مثل تونس، ومصر، والمغرب، والجزائر،

وسوريا وليبيا، ومع أنها تعتبر دولا متوسطة الدخل، إلا أن لديها التزام سياسي قوي ومستوى مرتفع من الاستثمارات في التنمية الاجتماعية، ولا سيما في مجالي الصحة والتعليم اللذين كانا ولا يزالان يعتبران العاملان الرئيسان في خفض معدلات وفيات الأطفال.

وفي هذا السياق قال توماس مكديرمُت، المدير الإقليمي لليونيسف لمنطقة الشرق الأوسط وشمال إفريقيا: "ثمة وعي آخذ في الازدياد في هذه المنطقة مفاده أن خفض وفيات الأطفال يمكن أن يتحقق فقط عن طريق تدخلات شاملة رئيسة في مجال الصحة والتعليم والمساواة بين الجنسين. إن الإصلاح لأمر مهم للغاية في تحقيق هذا الهدف في العالم العربي."

## تحليل أكثر عمقا "للأسباب الجذرية"

تواجه العالم العربي مشكلة القابلية للتعرض للمخاطر من منظور أوضاع المرأة. فعلى الرغم من التقدم الذي تحقق على مدى العقود القليلة الماضية، فإن الكثير من المؤشرات الجندرية في المنطقة تعتبر من بين المؤشرات الأسوأ في العالم. وعلى العموم، فإن المرأة العربية لم يتم بَعْدُ تمكينها لتحسين نوعية حياتها وحياة أسرتها.

إن حقيقة معاناة أكثر من نصف النساء العربيات من الأمية يُترجَم إلى تنمية منقوصة لأكثر من نصف الأطفال العرب. فالدراسات تبين أن الأمهات اللواتي حصلن على تعليم أكثر إقبالا على تحصين أطفالهن ضد الأمراض. ففي منطقة الشرق الأوسط وشمال إفريقيا، كانت نسبة الأطفال الذين تم تحصينهم في الفئة العمرية 12 إلى 23 شهرا 60% بالنسبة للأمهات اللواتي لم يحصلن على تعليم، وأكثر من 80%للأمهات اللواتي حصلن على تعليم ثانوي أو أعلى (البنك الدولي، 9:2001)

وبالنسبة للدول والمناطق التي هزتها الأزمات ورغم تحقيق السلام هو بالتأكيد الاستراتيجية الأفضل من أجل تحقيق التقدم، فإن برامج الطوارئ ينبغي أن تُركز على مجموعة من التدخلات المنقذة للحياة لوقاية الأطفال. ويتعين أن ينصب الاهتمام على مياه الشرب، والصرف الصحي، والتحصين ضد الأمراض، والوقاية والعلاج من الأمراض السارية، والبرامج العلاجية، وبرامج التغذية التكميلية، إضافة إلى التعليم.[1]

## الطفل ومخاطر العولمة

يتعرض الطفل العربي لتيارات وقيم ثقافية متباينة، وأساليب متنوعة في التفكير عبر القنوات الفضائية العربية وغير العربية وعبر الحاسبات الآلية،وتتباين قيمه الاجتماعية والبنيوية لمعيشته مع قيم العولمة الحديثة المنقولة إليه عبر الكثير من الوسائل والتي بات من الصعب السيطرة عليها. في الوقت الذي تنحسر فيه أدوار كل من الأسرة والمدرسة في التنشئة الثقافية. وإذا كان هذا يعرض الأطفال لأنماط ثقافية متباينة وأحيانا متعارضة مما يعرض مستقبل الثقافة العربية لمخاطر ذات صلة بجوهرها الروحي واللغوي، نتيجة لما يعيشه الأطفال العرب من مواقف صراع تزداد تأججا بين وسائل مبهرة تستخدم في بث ثقافات مغايرة متنوعة المضامين والغايات وبين أساليب تقليدية غير قادرة على الصمود أو حتى جذب الطفل إليها.

يحدث هذا في غياب خطة عمل ممكنة التنفيذ،بحيث نستطيع معها الاستفادة مما تقدمه وسائل الإعلام والاتصال من ايجابيات لأطفالنا مع ثقتنا بأن هذه الخطط البديلة مهيأة لجعل الطفل العربي قادرا على لاختيار الواعي لما يريده من هذا الكم من المعلومات بالتحديد،مستفيدا مما يتلقاه، محافظا على هويته الحضارية ومقوماتها، ولعل من التساؤلات الحاملة لإشكاليات بحاجة إلى عمل علمي مخطط : كيف يتعلم

---

[1] تقرير اليونيسف\"التقدم من أجل الأطفال\" أُطلق عالميا،10 أكتوبر 2004

الطفل لغة أجنبية تزداد الحاجة إليها في التواصل مع المعرفة والتقنية المعولمة، دون أن يخل هـذا بتعلمه اللغة العربية التي هي أحد أهم مقومات ذاتيته الحضارية ؟ كيف يمكـن أن نتـيح للطفـل التعامـل مع الحواسب الآلية ووسائل الإعلام، خاصة التلفزة، دون أن ينعزل عن سياق التفاعلات اليوميـة مـع أعضـاء الأسرة بكل ما تحفل به تلك التفاعلات من مواقف للتعلم والتنشـئة عـلى القـيم الأصـيلة لحضـارته، خاصـة عمقها وجوهرها الروحي ؟ ومن هنا نلتمس الحاجة إلى وجود برامج مدروسة تهيئ لنا فـتح المجـال واسـعا أمام أطفالنا للانفتاح على هذا القادم وبعنف والاستفادة مـن إيجابياتـه ولغتـه وتقنياتـه وفي نفـس الوقـت حفاظه على كل ما هو أصيل في هويته العربية والمطلوب برامج موجهة ليس للطفـل داخـل الـوطن العـربي فحسب بل لكل طفل عربي حول العالم في أي مجتمع كان.

**- تغيرات بنيوية:**

طرأت على أدوار الدولة تغيرات أثـرت سـلبا في دعمهـا للخـدمات المختلفـة وفـرص التشـغيل وفي الوقت نفسه لا يزال المجتمع المدني العربي يعانى من مشكلات ومعوقـات إداريـة وقانونيـة ورقابيـة وماليـة. ولهذا كان ولا يزال الرهان على الأسرة العربية لتنمية خصائص الطفل والارتقاء بفرصه. غير أن الواقع المتغير للأسرة يؤشر إلى ضعف إمكاناتها وقدراتها على القيام بما هو معقود عليها من أدوار ومهام.

فهي تتجه إلى الحجم الأصغر وتعاني في شرائحها المتوسطة والمنخفضـة مـن مشـكلات متعـددة، في الدخل والسكن والقدرة على الوفاء بمتطلبات العلاج والتعليم نتيجة لخصخصة قسم لا يستهان به من هذه الخدمات فضلا، عن بزوغ اتجاهات لتغير قيمها من الجماعيـة إلى الفرديـة، ومـن الروحيـة إلى الماديـة، مـما يجعل مسألة الأسرة العربية أحد المسائل التي بحاجـة إلى عمـل دؤوب وجـاد لاسـتعادة أدوارهـا في الـتعلم الذاتي والتنشئة الحضارية، خاصة وأن مؤسسات أخرى دخلت معها في

تنافسية غير مخططة لجذب الطفل والتأثير فيه، خاصة وسائل الإعلام التي يأتي في مقدمتها التليفزيون بإبهاره وجذبه للطفل منذ بروز قدراته الإدراكية المبكرة.

إضافة إلى هذا التأثير الخطير لعولمة الثقافة يبقى المفرز الأكثر أهمية من مفرزات العولمة وهو الفقر وتأثيره القوي على سير حياة وتطور الأطفال روحيا وفكريا وثقافيا فبالرغم عدم وجود بحوث ومسوح دقيقة حول تأثيرات الفقر على فرص إعداد الطفل العربي، إلا أنه يمكن في ضوء قراءة متأنية للبيانات المتاحة التوصل إلى بعض الاستنتاجات الحافلة بالدلالة من منظور مستقبل الطفل العربي ويهم في هذا السياق الإشارة إلى أن اقل تقديرات لأعداد الفقراء العرب وصلت إلى وجود فرد من كل خمسة أفراد يعاني من الفقر بمعيار الدخل.أما إذا اعتمدنا على مفاهيم فقر القدرات capability poverty والحرمان البشري فأن النسبة ترتفع إلى ما هو أكثر من خمس السكان.

فحسب تقرير التنمية الإنسانية العربية للعام 2002، تصل نسبة السكان الذين لا يتوقع أن يعيشوا بعد سن الأربعين إلى 13% وتصل الأمية بين الذكور إلى 48.4 % وبين الإناث إلى 58.1% ولا تقل البطالة في معظم البلدان العربية عن 10% وتصل في بعضها إلى 30% وتصل نسبة الإعالة إلى قرابة 79%. وتتراوح نسبة الإناث العائلات لأسرهن إلى ما بين 16% - 20 %.

لقد انعكست هذه الأحوال على أوضاع الطفل العربي وعلى فرص النهوض به وانعكست اكثر على الأحوال الصحية له فقد أنتجت الظروف الاجتماعية والتعليمية والاقتصادية للأسرة العربية خاصة في البلدان المصنفة ضمن المستوى المتوسط والمنخفض في تقارير التنمية البشرية، مجموعة من المؤشرات الصحية اللافتة للانتباه : أن نسبة الرضع الذي يعانون من الهزال الحاد والمعتدل تتراوح خلال الفترة من 1995-2001 بين 1%-10% في كل من الأردن وتونس والبحرين والجزائر وسوريا وفلسطين وقطر ولبنان وليبيا ومصرـ والمغرب. وبين 10-17% في بقية الأقطار العربية. وان أمراض سوء التغذية والتقزم الحاد

والمتوسط خلال الفترة المذكورة تراوح بين 8%- اقل من 20% في كـل مـن الأردن الإمارات تـونس البحرين الجزائر فلسطين قطر لبنان ليبيا مصر وما بين20 % لأقل مـن 30% في كـل مـن جيبـوتي السـعودية سوريا الصومال العراق عمان الكويت المغرب. وما بين 30%-52 % في كل مـن جزر القمر واليمن وموريتانيا ولا تزال معدلات وفيات الأمهات لكـل 100.000 ولادة حيـة في عـام 2000م75 ولادة في فلسطين و130 في لبنـان 150 في الجزائـر و390 في المغـرب و370 في العراق و850 في الـيمن و170 في مصر- و520 في جيبـوتي و1500 في السودان.

ورغم ما طرأ من تحسن على معدلات وفيات الأطفال الأصغر من 5سنوات، فإنها لا تـزال مرتفعـة في عدد من الأقطار العربية مقارنة بغيرها من الأقطار العربية داخل الإقليم العربي وبأقـاليم العـالم الأخرى: فهناك دول عربية كان معدل وفياتها اقل من 30 في الألف وفقا لبيانات 2001 ليبيا وهناك مجموعـة أخـرى يتراوح المعدل فيها بين 30- اقل 60 في الألف كما في الأردن، الجزائر، فلسطين، لبنان، مصر، المغرب. أما بقيـة الأقطار العربية فقد كان المعدل بها اكثر من مائة حالة كما في جيبوتي والسودان والصـومال والعـراق وجـزر القمر وموريتانيا واليمن.

كما تؤكد المسوح والدراسـات العربيـة انخفـاض معدلات الاسـتيعاب في مراحـل التعلـيم خاصـة الأساسي في الأقطار العربية المصنفة ضـمن الـدول المنخفضة التنميـة، فهـي تصل في ضـوء تقارير التنميـة البشرية الدولية إلى 21% في جيبوتي، 34% في السودان، 41% في موريتانيا وحوالي 50% في الـيمن. كما ربطت تقارير التنمية البشرية والمسوح الوطنية، بين التسرب والفقر – مصر والمغرب. وانتشار هـذه الظاهرة بـين أطفال الريف أكثر من الحضر، وبين الإناث أكثر من الذكور في الشرائح الدنيا في الريف والحضر.

ولا نستطيع أمام هذه الأرقام إلا أن نتساءل :

هل نقف مكتوفي الأيدي لنرى عالمنا الذي نحلم به ينهار أمام أنظارنا أم ننتظر لنصل إلى مرحلـة وجب علينا فيها تعلم لغة الغرب لتتاح لنا فرص العمل

داخل بلداننا لا خارجها أو لينتهي ما نسميه تراثنا وحضارتنا وهويتنا الثقافية التي لا نزال نعتز به [1].

[1] مزن مرشد، مركز عمان لدراسات حقوق الانسان شبكة الاردن للتنمية 2004

# الباب الثاني

# المخدرات

## نحو رؤية تكاملية لموضوع المخدرات في الوطن العربي

لسنا بحاجة للعودة الى حرب الأفيون بين بريطانيا والصين كي نبرهن الأبعاد السياسية والاقتصادية لموضوع المخدرات. هذه الأبعاد التي تجعل من الخطأ معاملة موضوع الإدمان على انه ظاهرة مرتبطة بعوامل اجتماعية بحتة. وتجربتنا في المجتمع اللبناني تدعم ضرورة مقاربة الموضوع عبر رؤية تكاملية تجمع أبعاد الظاهرة وتربطها بالعوامل الاجتماعية والنفسية المصاحبة. ففي رأينا الشخصي إن إهمال هذه الأبعاد هو المسئول عن فشل المحاولات العلاجية للإدمان. وسنقدم في هذه الورقة ما يدعم هـذا الـرأي مستعرضين الحالات العيادية التي عاينها لمدمنين لبنانيين وغير لبنانين. وكذلك نعرض لإسهامات مركز الدراسات النفسية ومجلته الثقافة النفسية المتخصصة في هذا المجال. لنخلص الى نتيجة مؤداها ان علاج الإدمان لا يقتصر على الوجه الطبنفسي بل يتخطاه الى استيعاب الوجوه الأخرى للظاهرة الادمانية.

## المقدمة

يدخل الطب النفسيـ في ميدان علاج الادمان مـن منطلـق مسؤوليتـه في دعـم مسـتوى اللياقـة النفسية في المجتمع. عبر العمل على اعادة المدمن للمجتمع كعضو فاعل متكامل ونافع للمجتمع مع ملكية القدرة على تحقيق السعادة الذاتية دون

الاضرار بالآخرين. الا ان هذا الدور العلاجي يصطدم بجملة معوقات غير مألوفة في الاختصاصات الطبية الأخرى. فالمرض الجسدي هو انعكاس لاعطال عضوية منفصلة عن الابعاد السياسية والاقتصادية على عكس الادمان الملتصق بهذه الابعاد. فلدى تحرينا لدوافع الادمان واسبابه وظروف التعاطي للمرة الأولى وجدنا، في لبنان، انه من الممكن توزيع المدمنين على فئات عديدة منها ما هو غير مألوف في التصنيفات المعروفة. لذلك نبدأ ورقتنا باستعراض تصنيف المدمنين اللبنانيين.

## تصنيف المدمنين في لبنان

جرت العادة على تصنيف المدمنين وفق مواد ادمانهم والكميات التي يستهلكونها من هذه المواد. لكن عودة الى اصول الظاهرة تمكننا من طرح تصنيف يستند الى ظروف التعاطي للمرة الأولى. حيث نلاحظ اول ما نلاحظ ان الادمان يستقر تدريجيا" بدءا" بمواد اقل خطورة (مهدئات،كحول،حشيش...الخ) وصولا" الى المواد الأخطر والى المزج بينها في بعض الاحيان. لكن هذا التدرج في التعاطي كاد ينعدم خلال فترة الحرب الاهلية اللبنانية. حيث يمكن تصنيف بدايات التعاطي على النحو التالي:

1. الانسياق وراء الشباب المحارب في التعاطي: حيث كانت بعض الميليشيات تعتبر ان تحويل اعضائها الى مدمنين من شأنه ان يرسخ ولاءهم. ويجعلهم اكثر استعدادا" لتقبل الآوامر وأقل قدرة على نقد الزعامات. لذلك كان سوق الوافدين الى هذه الميليشيات نحو التعاطي خطوة من خطوات اعدادهم.

2. التعاطي القسري: مارست بعض الميليشيات أسلوب الاجبار على تعاطي الهيرويين على معتقليها ومعارضيها. وذلك قبيل أطلاق سراحهم.

4. التعـاطي الجاهـل: بينـت التحقيقـات أن غالبيـة منفـذي العمليـات السـوداء (مجـازر، سيارات مفخخة،) كانوا ينفذونها وهم تحت تأثير المخدر. كما بينت التحقيقات أنهم يجهلون نوع المخدر المعطى لهم لاكتساب القدرة على تنفيذ هذه العمليات.

5. التعذيب بالتعاطي: كان بعض المعتقلين يتعرضون لتجربة الإجبار على الإدمان ليتحول تعذيبهم من الإشكال التقليدية الى تعذيب بالحرمان من مواد الإدمان.

6. الإغواء عن طريق التعـاطي: حيـث تسـتدرج الفتيـات الى تجربـة التعـاطي لتحويلهن لاحقـا" الى مواضيع جنسية تابعة.

7. الإشكال التقليدية لبدايات التعاطي.

وهذا التصنيف ليس حكرا" على مجتمع الحرب اللبنانية اذ تمكن مصادفته في أجواء المجتمعات المختلفة. وهو يشير الى عبثية محاولات تحديد الشخصية السابقة للتعاطي. خصوصا" في الأجواء الاجتماعيـة المضطربة. فاذا ما تخطينا المجتمع اللبناني الى المجتمعات العربية لوجدنا أن التعاطي يأخذ شكل الفولكلـور أو التقليعة بغض النظر عن مدى انتشاره. مثال ذلك تعاطي القات في اليمن وتعاطي الحشيش في بعـض الدول العربية ومثلها الكحول. من هنا تنبع في رأينا بعض أسباب فـوارق نسب الإدمان بـين دولـة عربيـة وأخرى. أما الأسباب الأخرى فانها على علاقة بمستوى الدخل وبالوضع السياسي العام.


## الإدمان والسياسة في لبنان

يصرح مسئول المخدرات في الأمم المتحدة برنـار فاهي في العـام 1989 أن لبنان هـو بلـد مصدر للمخدرات وليس مستهلكا" لها. وهذا التصريح جاء متعارضا" مع حملة محليـة جارفـة تحـذر مـن انتشار الإدمان الوبائي بين اللبنانيين. وترافقت تلك

115

الحملة مع نشر إحصائيات لا تستند الى أية وقائع أو مراجع علمية. ليتبين لاحقا" ان موضوع المخدرات في لبنان يكاد يكون موضوعا" سياسيا" خالصا". اذ أن غياب سلطة الدولة اثناء الحرب جعل لبنان يأخذ لنفسه حصة متضخمة في سوق المخدرات الدولي والسوق الاميركي بصورة خاصة. مما احدث هزات عميقة في بورصة المخدرات العالمية. التي تحتاج الى بعض التفسير قبل التطرق لبحث انعكاسات هذه البورصة على الوضع السياسي اللبناني.

تشير إحصائيات مكتب المخدرات في الأمم المتحدة الى إن حجم تجارة المخدرات يبلغ حاليا" حدود ال 350 مليار دولار سنويا" وانه مرشح للزيادة الى 450 مليار دولار سنويا" العام 2006 فلو نحن قارنا هذا الحجم مع المبلغ الذي خصص للعام 2000 (بوصفه عام مكافحة المخدرات) والذي حدد ب 6مليارات دولار فقط لوجدنا إن مكافحة المخدرات تتحول الى فولكلورية!. خصوصا" بعد ما تسرب من وثائق تفيد اعتماد السياسة على التواطوء مع اباطرة المخدرات لتأمين موارد إضافية غير ملحوظة. الأمر الذي يحول موضوع المخدرات الى سياسي صرف. وتزداد حدة هذا الطابع مع قدوم العولمة الاقتصادية وشركاتها الضخمة التي لا يمكنها أن تتجاهل تجارة بمثل هذا الحجم. ولتوضيح دور المخدرات في السياسة نذكر بحرب المخدرات في كولومبيا حيث فشلت الولايات المتحدة في القضاء على زراعة المخدرات فيها. وبينت الاحصاءات زيادة حجم تجارة المخدرات الكولومبية بعد هذه الحرب. وتجدر هنا الإشارة الى أن المزارع لايحصل سوى على نسبة 5% من الثمن الذي يدفعه المدمن لتتوزع ال95% الباقية على تجار المخدرات بدرجاتهم المختلفة.

وهكذا يتضح ان هذه التجارة كانت أولى الشركات العملاقة العابرة للقارات. وهي تمارس اثرا" اقتصاديا" بالغا" عبر عمليات غسيل الأموال او تبييضها كي تتحول الى ارصدة بيضاء يتم تحريكها بالتواطوء بين جهات عديدة. مما يعطي لتجار المخدرات سلطة اقتصادية تضاف الى سلطة الجريمة المنظمة بحيث يمكنهم التدخل

في اسعار العملات وفي البورصات. بما يحولهم الى التأثير الاقتصادي والسياسي. فهل يمكن نكران هذه الادوار او تجاهلها؟.

من خلال هذا العرض المقتضب للتداخل بين عالم المخدرات والسياسة والاقتصاد يصبح من السهل تفسير ما حدث من تداخل المخدرات بالسياسة اللبنانية. إذ اعتمدت بعض الفصائل اللبنانية على تامين استمراريتها في الحرب الأهلية على هذه التجارة. التي أشارت الإحصاءات لبلوغها حدود ال8 مليارات دولار سنويا". ثم توقف هذا العائد بصورة فجائية وغير مدروسة مع تطبيق اتفاق السلم الاهلي (اتفاق الطائف). وهذا ما يفسر واقعة إن الاقتصاد اللبناني كان أقوى إثناء الحرب منه بعدها!.

وإيرادنا لهذه المعلومات إنما يهدف الى رفع المسؤولية عن عاتق الاختصاص فالعلاج لايمكنه أن ينجح ما لم تكسر الحلقة الجهنمية المؤلفة من مدمن يتعاطى لأنه يجد من يبيع له المخدر ومن تاجر يهرب المخدرات لأنه يجد من يشتريها منه. بل أكثر من ذلك فان الاختصاص يتنحى جانبا" عندما يحصل التواطوء بين هذه العوالم ورموزها. لدرجة يمكن معها اعتبار علاج المدفوعين قسرا" للتعاطي بمنزلة التحدي للسلطة الدافعة بهم لذلك. بما يمكنه أن يهدد حياة الطبيب المعالج في بعض الأحيان.

## انتشار الإدمان في الوطن العربي

من الطبيعي الا تتوافر الإحصائيات الدقيقة حول هذا الانتشار. لذلك يتم اللجوء الى تقدير حجم المخدرات المستهلكة بالمقارنة مع كمية المخدرات التي تكتشف السلطات تهريبها. مما يجعل من محاولة تقدير نسب انتشار الإدمان عملية تقريبية.

ويمكننا الحديث عن انتشار انتقائي لبعض مواد الادمان في دول عربية دون

غيرها. مع الإشارة الى الانتشار الوبائي لعادة التدخين في معظم الدول العربية. لكن الخطورة تكمن في ازدياد ملفت لنسب الادمان في بعض المجتمعات العربية في مقابل استقرار هذه النسب في بقية الدول العربية. بل أن بعضها منخفض بشكل يفضل معه عدم التطرق للموضوع. وهذه الاختلافات تجعل من العبث مجرد الحديث عن استراتيجية عربية لمكافحة المخدرات. إذ أن لكل بلد منها خصائصه الادمانية. سواء لجهة نسبة الانتشار او لجهة نوعية المواد أو لجهة التوزيع الاجتماعي للمتعاطين على طبقات المجتمع وفئاته. لذلك فاننا نعتمد الإحصاءات المعلنة من قبل الدول احتراما" لواقعة تداخل هذه الإحصاءات المعلنة مع عوامل داخلية خاصة ومعقدة كما أشرنا أعلاه. وعلى أساس هذه الإحصاءات يمكننا تقسيم هذه الدول الى:

1. دول لديها نسبة إدمان في الحدود المقبولة أو دونها.

2. دول لديها نسبة إدمان عالية.

3. دول لديها ميل لزيادة نسبة انتشار الإدمان.

4. دول متكيفة مع نسبة إدمان عالية لمادة محلية.

وهذا التقسيم في رأينا هو الأفضل كونه يضع خطوطا" تمنع تورط الاختصاص في متاهات خارجة عن حدود الاختصاص. بحيث يستجيب الاختصاص للحاجات التي تحددها السياسة الصحية للدولة. إضافة الى دوره التقليدي في تقديم المساعدة العلاجية لطالبيها.


**الادمان وجهة نظر اختصاصية**

ان الطب النفسي، والعلاجات المرتبطة به، لايمكنه ان يقر المبدأ الروماني القائل بضرورة الجنون في المجتمع المجنون. وهذا ما يضع الاختصاص،ولو نادرا"، في مواجهة السائد والشائع من القناعات الخاطئة. لكن المواقف من هذه القناعات تختلف باختلاف المدارس الطبنفسية ففي حين

تعتمد المدرسة الاميركية منطلقات براغماتية تحصر هدفها في الوصول الى التكيـف (مـع محاولـة تجاهل اشكالية التكيف مع القناعات الخاطئة) نجد المدرسة الديناميـة مصرة عـلى مناقشة المواضيع عـبر الصندوق الأسود (العقل). ولكل من هذه المدارس اقتراحاتها الوجيهة للحلول. اذ تـدعو السـلوكية الى كسرـ حلقة مهرب-مدمن-منتفع خفي عبر السماح تدريجيا "ببيع المخدرات". وهي تجربة طبقت في هولندا مثلا" فأزالت الدافعية التي يختلقها المهربون لترويج مخدراتهم. اما المدرسة التحليلية فتتوزع عموما" على تيارين. الأول يربط متعة المخدر بالمتعة الجنسية وبالتالي بمجموعة العقد الجنسية. والثاني يربط بـين الادمـان وبـين غريزة الموت.

ومع قناعتنا التامة بحيوية وضرورة التكامل بين مختلف هذه الاقتراحات فاننا نعتمد مبدأ الـربط بين الادمان وبين غريزة الموت. حيث يدرك المدمن،خارج فترات احتياجـه للمـادة، الآثار التدميريـة لادمانه. ويترافق هذا الادراك مع مشاعر الذنب والندم والرغبة بالاقلاع عن الادمان. فاذا مـا جـاءت فـترة الاحتيـاج يعود الشخص للتعاطي في نزعة تدمير ذاتي تتطور مع تكرار حلقة الادراك- الندم- التعـاطي. وذلك وصولا" الى سيطرة نزعة التدمير على الاقتصاد النفسي-الجسدي للمدمن.

وهنا تتدخل ثنائية العواطف لتفجر الرغبة في تجميد الزمن،عند لحظة النشوة بالمخدر، في مقابـل نزعة التدمير. وهي حالة شبيهة بما يسميه التحليل النفسي بـالعودة الى الصـفر (أي الى الفـردوس الفقـود في بطن الأم). حيث تتم مواجهة الخوف من الموت عبر فكرة "ليتني أمـوت" (غريـزة مـوت) بفكـرة "ليتنـي لم أولد" (العودة الى الصفر). ورغبة تجميد الزمن عند لحظات السعادة هي رغبة نرجسية عامة لدى الجميع. حيث يمارسها الرسام عبر لوحته والشاعر عبر قصيدته. وبمعنى آخر فان كلا" يمارسها عـلى طريقتـه الخاصة. فاذا ما تدخل الاعتياد على المواد فانه يصبح البديل السهل لتنفيذ هذه الرغبة. وبهذا نصل الى كتاب فرويد "قلق في الحضارة" وفيه يشير الى ان الحضارة تحمل معها زيادة مستوى القلق الفردي. وهذا ما يعبر

119

عنه اليوم بتعابير شتى منها الإرهاق بأنواعه المولد لما أصبح يعرف ب"أمراض العصر". وبمعنى آخر فان علينا ألا نهمل ضغوطات الحياة اليومية في تصدينا للحديث عن الإدمان.

## ملاحظات ختامية

نحن لا نوافق على الميل السائد لتحميل الاختصاص أوزار علاج الظواهر الادمانية ومسؤوليات هذا العلاج. وذلك لقناعتنا الراسخة بان موضوع المخدرات متداخل مع نظم القيم الاجتماعية والسياسية. التي غالبا" ما تشكل دوافع ادمانية أكثر وجاهة من الدوافع النفسية المفترضة.

مثال ذلك أن التهميش الاجتماعي لشخص ما يجعل من الادمان حلا" ملائما" لتخطي الفراغ الوجودي المصاحب لهذا التهميش. ومثله فقدان الاعتراف (بالمعنى الهيغيلي). ولعل هذا الرأي يجد دعمه عبر مراجعة بسيطة لخارطة تجارة المخدرات العالمية. حيث تنتج الدول الفقيرة المخدر لتصدره الى الدول الأغنى عبر الدول المتوسطة الدخل. وهو واقع تؤكده سياحة المخدرات (سفر المدمنين الى البلدان المنتجة للمخدر بهدف استهلاكه بأسعار أدنى). وهذا ما يفسر زيادة عدد المدمنين في العالم بمقدار 12 مليونا" كل سنة. وهي زيادة لايتحمل وزرها الاختصاص بل تتحمله الأبعاد الاخرى للمخدرات. وعليه فاننا ندعو الى حصر مسؤولية الاختصاص في نطاق علاجه للحالات الفردية وفي تقديمه الاستشارات المساعدة في السيطرة على الظواهر الادمانية. [1]

## المخدرات تنتشر سريعا بالعالم العربي

لقد أعلن الممثل الإقليمي للأمم المتحدة لمنع المخدرات والجريمة في الشرق الأوسط أن 400 الف شخص يتعاطون المخدرات في العالم العربي عن طريق الحقن

---

[1] محمد احمد النابلسي،أستاذ الطب النفسي – لبنان، ورقة مقدمة الى مؤتمر اتحاد العربي للجمعيات غير الحكومية لمكافحة الادمان/القاهرة2001

بالهيروين وذلك في تصريحات صحافية على هامش ورشة إقليمية لمكافحة المخدرات في دبي.

وأشار إلى أن اكثر من 400 الف عربي يتعاطون حقنا بالهيرويين، واغلبية المتعاطين هم من الشباب. واوضح "ان المواد المخدرة مثل القنب والافيون والهيرويين تنتشر بطريقة مخيفة حيث يبلغ عدد مستخدمي الحقن بالهيرويين 400 الف متعاط في المنطقة العربية".

واضاف الممثل الاقليمي ان "الوضع العام لتعاطي المخدرات في العالم يثير القلق وان عدد متعاطي المخدرات على المستوى العالمي خلال عام 2003 بلغ 185 مليون متعاط بحسب التقرير الدولي عن المخدرات للعام 2004 اي بزيادة حوالي خمسة ملايين عن التقرير السابق الصادر عام 2000".

كما اشار الى ان "الوضع العام لتعاطي المخدرات في منطقة الشرق الاوسط وشمال افريقيا ليس افضل بكثير بل على العكس، فعدد متعاطي المخدرات من الذكور والاناث في تزايد مستمر وتتراوح الفئة العمرية لمتعاطي المخدرات بين 20 و30 عاما". كما نقل موقع ميدل ايست اونلاين.

وشدد الممثل على "اهمية التركيز على الجهود الوقائية والتدابير الرامية الى مكافحة انتاج المخدرات غير المشروعة والاتجار بها وتعاطيها" ودعا المنظمات الحكومية وغير الحكومية الى "تعزيز التعاون الاقليمي والدولي بينها للتصدي للمخدرات والجريمة". [1].

[1] صحيفة الوطن الثلاثاء 19 شعبان 1427 هـ 12 سبتمبر 2006

# الفصل الثالث

## الفساد

الفصل الثالث

الفساد

**الأسباب الحقيقية لانتشار الرشوة والفساد؟؟!!!**

الرشوة من أكثر صور الفساد تفشيا في المجتمعات الإنسانية المعاصرة سواء في دول العالم الأول أو العالم الثالث!

فلا يكاد يمر يوم إلا ونقرأ أو نسمع عن جريمة رشوة متهم فيها موظف كبير أو مسئول بارز في أحد قطاعات العمل الحكومي أو الخاص، كل هذا يشير إلى مدى الخطر الداهم الذى يهدد مجتمعنا.

وضعنا الظاهرة أمام علماء الاجتماع والقانون والقضاء والدين ليحددوا لنا أسبابها والدافع إليها وسبل التصدى والحد منها.

وتؤكد الدكتورة حنان محمد سالم[1]، أن الفساد ظاهرة عالمية، فلا يوجد أى مجتمع من المجتمعات سواء في دول العالم الأول أو دول العالم الثالث مستثنى من هذه الظاهرة، وانتشار الرشوة والمحسوبية واستغلال النفوذ والوساطة وكلها تعتبر من صور الفساد.

وتعرف د. حنان سالم الفساد على أنه إساءة استغلال السلطة المرتبطة بمنصب معين سواء كان شغل هذا المنصب عن طريق التعيين أو عن طريق الإنتخاب، ويتم استغلاله بهدف تحقيق مصالح شخصية على حساب المصالح العامة.

---

[1] مدرس علم الاجتماع بكلية الآداب جامعة عين شمس .

ولدينا عدة أنواع وأشكال من الفساد ويوجد بصفة أساسية الفساد الكبير والفساد الصغير، والفساد الكبير مرتبط بالمناصب الكبيرة والصغيرة مرتبط بالمناصب الصغيرة، ومن الصعب أن نتخيل أن تختفى الظاهرة كلية وأن يوجد مجتمع نقى 100%.

## ظاهرة إجتماعية

وتشير د. حنان إلى أن الدول المتقدمة استطاعت تحجيم وتقليص للفساد، لأنها نظرت إليه على أنه ظاهرة اجتماعية وأن الآثار المترتبة عليه هى آثار مدمرة ستعرقل عملية التنمية سواء للفرد أو المجتمع، وهذه الدول عندها مساحة كبيرة من الديمقراطية والشفافية والمسائلة، وهذه هى أهم شروط مقاومة الفساد فى العالم الأول ولا فرق عندهم بين مسئول كبير ومسئول صغير، ولا يوجد مسئول أكبر من القانون ولا يعترفون بشئ اسمه "ليس فى الإمكان أفضل مما كان"ولا أن الحكومات لا تخطئ!!

ودول العالم الثالث تنظر إلى الفساد على أنه حالات فردية وأن ليس المجتمع كله فاسد، وتتم عملية تعتيم ومهادنة مع الظاهرة السلبية ولا تحدث عملية التحجيم وتنتعش وتكبر وتكون مثل المرض السرطاني الذى ينتشر فى الجسم ويصل لدرجة لا تستطيع اللحاق به ويتحول إلى حالة ميئوس منها ونتقبل الوضع على ما هو عليه.

والذى يحدث على مستوى المجتمع الإنساني أن الفساد عندما ينتشر بهذه الصورة الكبيرة ويكون جزء من نسيج الحياة الاجتماعية يحدث لدينا شئ اسمه "ثقافة الفساد" وهى أننا نعلم أن هناك فساد ونتكيف معه، فنجد مواطن صالح وضد الرشوة وغيرها يخرج حالا سواء برضائه أو بغير رضائه ويعطيه لموظف حتى تنتهى المصلحة.

والمشكلة أيضا ليست في اكتشاف الفساد ولكن في إدانته بمعنى أننا نسمع كثيرا عن أسماء بكبيرة ولامعة فى عالم المال والاقتصاد والإعلام يتم القبض عليها

ولكن عند نقطة الإدانة نجد أن الأمر يختلف من خلال ثغرات فى القانون، حتى بعد دخول السجن شكل العقاب الكامل عندنا غير موجود.

## رأى القانون

يقول الدكتور/ مدحت رمضان [1]، أن المشرع يعاقب على جريمة الرشوة فى المواد من "103 - 111" من قانون العقوبات وتنص على "كل موظف عمومى طلب لنفسه أو لغيره أو قبل أو أخذ وعدا أو عطية لأداء عمل من أعمال الوظيفة يعد مرتشيا"ويعاقب بالأشغال الشاقة المؤبدة وبغرامة لا تقل عن 1000 جنيه ولا تزيد على ما أعطى أو وعد به.

وفى المادة "103 مكرر" تعتبر فى حكم المرتشى ويعاقب بذات العقوبة المنصوص عليها فى المادة السابقة "كل موظف عمومى طلب لنفسه أو لغيره أو قبل أو أخذ وعدا أو عطية لأداء عمل يعتقد خطأ أو يزعم أنه من أعمال وظيفته أو الامتناع عنه.

وهذا يعنى أنه يستوى أن يكون الموظف مختص أو يعتقد خطأ أنه مختص أو يزعم وينصب من أجل أن صاحب المصلحة يعطيه الوعد أو العطية.

والمشرع فى المادة 104شدد العقوبة إذا كان الطلب لنفسه أو لغيره أو القبول أو الأخذ بالإمتناع عن عمل من أعمال الوظيفة والإخلال بواجباتها، فجعل العقوبة الأشغال الشاقة المؤبدة وضعف الغرامة النسبية.

ويرى د. مدحت رمضان أن سبب انتشار الرشوة هو الخلط بين المفاهيم وانعدام الأخلاق لدى البعض واحتكاك الموظف بالجمهور فى أحيانا كثيرة فى أمور تتعلق بمبالغ كبيرة مقابل مرتب منخفض لهذا الوظف البسيط فيترتب على ذلك أنه يبدأ يفكر لماذا لا يتربح بصورة أو بأخرى من وظيفته، فهى مسألة متكاملة لذلك لابد

---

[1] استاذ القانون الجنائى بكلية الحقوق جامعة القاهرة .

من أن تكون هناك معايير محددة ومعروفة عند اختيار الموظف العام ويكون أمين ومن أسرة طيبة ولا تهزه المظاهر والمنافع المادية، لأن المجتمع أصبح استهلاكي وبناء عليه أدى إلى وجود متطلبات قد تجعله ينزلق إلى الجريمة لكي يتكسب من الوظيفة العامة.

ويؤكد د.رمضان أن الوقاية خيرا من العلاج لأن تكدس الإدارات الحكومية بالموظفين ليس لهم فائدة، فيجب تقليل أعدادهم ورفع كفاءة الباقين منهم ورفع مرتباتهم وعمل دورات تدريبية لهم.

كذلك لابد من وجود سياسة الورقة الواحدة من خلال عمليات إرشادية توضح حقوق وواجبات المواطن والخطوات التى يجب أن يتبعها عند الرغبة فى إنهاء مصلحة معينة.

## أركان الرشوة

ويقول مصدر قضائى: أن ما يطلبه الموظف أو تقدم بالعطاء فقبله على ذلك تكون العبرة فى جريمة الرشوة بسلوك الموظف لا بسلوك الطرف الآخر فتقع الرشوة متى قبل الموظف ما عرض عليه قبولا صحيحا بهدف العبث بأعمال وظيفته ولو كان الطرف الآخر غير جاد فى عرضه ولا تقع الرشوة إذا لم يكن الموظف جاد فى قبوله كما لو تظاهر بالقبول ليسهل القبض على من يحاول إرشاؤه متلبسا بجريمة عرض الرشوة.

ويضيف المصدر القضائى أن الموظف المرتشى يشغل السلطات المخولة له بمقتضى- هذه الوظيفة وهى مظهر من مظاهر التدهور الأخلاقى، وقد يتوسط بين الراشى والمرتشى- شخص ثالث وهو "الرائش".وسماه القانون الوسيط، وعالجته المادة 107 مكرر و108 و110 وهو يعتبر ممثلا لمن كلفه بالوساطة فليس له عمل مستقل فى جريمة الرشوة بل هو رسول أحد الطرفين إلى الآخر وقد يكون رسولا مشتركا بينهما فهو فى مركز الشريك، والقانون لم يقتصر على عقاب الوسيط الذى قام

بالوساطة فعلا، وإنما تناول بالتجريم أيضا مـن عـرض أو قبـل الوساطة فى رشـوة ولم يتعـد عملـه مجرد العرض أو القبول فجعل من فعله جريمة.

ويحدد المصدر ثلاث أركان لجريمة الرشـوة الأول يتعلق بالصفة الخاصة للمرتشى- إذ يتعيـن أن يكون موظفا عاما أو ممن يعدون فى حكمه والثانى: هو المادى وهو الطلب أو القبول أو الأخذ والثالث: هـو الركن المعنوى أو القصد الجنائى.

## البعد عن الدين

ويقول الدكتور البدراوى زهـران[1]، الرسول صلى اللـه عليه وسلم وضع الأساس المتين لبنـاء المجتمع السليم ولاس يما فيما يتصل بقضية الرشوة فقال عنها رسول اللـه "الراشى والمرتشى- فى النار" فهـى عمل لا أخلاقى ويتنافى مع الدين ومع صالح المجتمع ولا تقره المجتمعـات ولا الشرائع السماوية كلها أو الصالح العام ولا الضمير السليم، ولو تأملنا لما جاء فى القرآن الكريم وهو الدستور الأساسى لنا: يقـول تبـارك وتعالى **(يا أيها الذين آمنوا لا تأكلوا أموالكم بينكم بالباطل وتدلوا بها إلى الحكام لتأكلوا فريقا مـن أمـوال الناس بالإثم وأنتم تعلمون).**

وحديث الرسول واضح فى هذا الأمر، وما كان يحدث أيام الرسول من العمـال الـذين كـان يبعـث بهم إلى الأنصار حينما جاء أحد العمال الذين كانوا يجمعون الزكاة فقال هذا لكم وهذا أهدى لى، فقال لـه رسول اللـه صلى اللـه عليه وسلم فى مبدأ عام لنا وفى استفهام استنكارى له غرض واضح جـدا:"هلا جلس أحدكم فى بيت أبيه وأمه ثم انتظر حتى يهدى إليه".

وما يأخذه أى موظف ويحصل عليه إنما هو ليس له، والرسول أوضح حينما طلب منه أسامة بـن زيد وهو حبر رسول اللـه أن يشفع فى الغامدية فقال له الرسول "أتشفع فى حدا من حدود اللـه و اللـه لو سرقت فاطمة بنت محمد لقطعت يدها"، وهذا

---

[1] رئيس قسم الدراسات الإسلامية والعربية بجامعة قناة السويس وعميد كلية الآداب بقنا سابقا .

هو المبدأ العام الذى وضعه الإسلام الحنيف لمجتمعنا والذى كان سببا فى رقى المجتمع الإسلامى والذى جعل الحضارة الإسلامية تتباهى على العالم وتقدم للإنسانية كلها أعظم ما قدم فى كل العصور من صور حضارية وإنشانية راقية تصلح لكل مكان وزمان وتتقدم به.

ويضيف د. زهران أن الذين يرتشون هذه الأيام يضعون مبررات فمنهم من يقول:إن راتبى صغير وأنا أعطى الدولة على قدر ما تعطينى، ومنهم من يقول أنا أعطى وأقدم خدمات وعملى يساوى الآلاف ولا آخذ شيئا مقابلا لها "أأنفع الناس ولا أنفع نفسى؟"فكل هذا لا قيمة له أمام الله وقت الحساب الذى سيكون عسيرا فى الدنيا والآخرة.

وعدم الاخلاص فى العمل والتقصير فيه نوع من الرشوة وعدم إنجازه فى موعده فى إنتظار رشوة ومحاولة لأخذ أموال الناس بالباطل "والرسوب نبهنا وقال "كل لحم نبت من حرام مأواه النار".

"عندما أمر الله جبريل بأن يهلك قرية قال جبريل إن بها رجلا صالحا، قال عز وجل: به فابدأ لأنه لم يؤثر فيهم!!!"[1]

---

[1] عبد العزيز سليمان، جريدة الوطن -الإثنين 25 شعبان 1427 هـ 18 سبتمبر 2006

# الفصل الرابع

## التسول

# الفصل الرابع

# التسول

**مرض نفسي أم نتاج لحالتنا الاقتصادية المتردية ؟**

التسول ظاهرة اجتماعية اعتاد عليها الناس في معظم أنحاء العالم، وهي ظاهرة قديمة قدم وجود الإنسان على هذه الأرض. فمنذ بدأت تظهر الفوارق الطبقية بين سيد وعبد وغني وفقير، اضطر البعض ممن عانوا ضغوطا مؤدية لاستمرار التفاوت الطبقي إلى طلب نقود ممن هم أغنى. وقد يكون للتسول مفهوم خاطئ لدى معظم الناس، مفهوم يرتبط شكليا بشخص بائس وفقير يرتدي ثيابا بالية ويطوف طالبا المال، إلا أن طرقا أخرى للتسول تجد مكانا لها، وهي من حيث الظاهر أكثر تهذيبا، ولو أنها من وجهة نظر شخصية أكثر ابتزازا وانتهازية. في ما مضى من العصور السابقة كان مجلس الحاكم لا يخلو من الشعراء المداحين الذين ينظمون قصائد المديح له ولإنجازاته المفترضة قاصدين من وراء ذلك الحصول على عطاء وافر يجزله لهم الحاكم، وعلى هذا النحو فقد أعطى هؤلاء معنى آخر للتسول قد لا يخطر على البال ولا يتعارض مع التسول التقليدي أو يلغيه.

وها هي ذي الأيام قد مرت، واختلفت الظروف، ووصل بنا الزمن إلى القرن الحادي والعشرين، ومع ذلك فإننا لا نزال معتادين على ظاهرة التسول، فهي ظاهرة يومية وإن كان لها مواسم نشاط إذ يكثر العطاء كما في شهر رمضان وأيام الأعياد.

وقد يكون أخطر ما في هذه الظاهرة استخدام بعض المتسولين المحترفين الأطفال أداة لتحقيق مآربهم واستدرار عطف الناس، متناسين ما يسببونه لهؤلاء

133

الأطفال من تشويه لبراءتهم وتعويدهم على الاتكالية والكذب منذ نعومة أظفارهم، وضاربين عرض الحائط بكل الأحكام الأخلاقية.

والمزعج في الأمر هو غض الطرف الذي تبديه السلطات المختصة، والتجاهل الواضح الـذي يبـدر عن المنظمات المعنية بالأطفال والطفولة. فقانون العقوبات السوري يمنع التسول، ويعاقب كل من يقوم بـه بالحبس من شهر إلى سنتين وفقا للمواد 596 و597 و598 و599.

وكما كان للتسول في العصور الماضية أشكال مختلفة، فإنه متعدد الأشكال أيضا في عصرنا، فمـن طفل يصادفك في الشارع وينهال عليك بعبارات توسـل كي تشـتري منـه بضاعة رديئة، إلى قارئة فنجان أو عرافة ماهرة أو فتاة في مقتبل العمر تقرع باب بيتك طلبا لمساعدة، إلى مسافر مقطوع لا يجد ثمـن تـذكرة للعودة إلى منزله، إلى منكوب تُنشل محفظته يوميا وعلى نحو متكرر فيجيئك ليشكو همه وطلبا للمساعدة. وكل هؤلاء يقومون بالتسول بطرق اختاروها جيدا لأنفسهم.

والسؤال هو: هل أحوال البلد الاقتصادية والاجتماعية هـي بـذلك السـوء المـؤدي إلى ظهـور هـذا الكم الهائل من المتسولين، الذين ينهالون على الناس بوافر دعائهم أو وابل شتائمهم تبعا لنوع استجابة المـرء لإلحاحهم؟ أم أن الأسباب المرضية النفسية هي وراء ظهورهم بهذه الكثرة؟

ورغم أنه لا يمكن إطلاق أحكام شاملة على كل المتسولين، إذ قد يكون بينهم مـن عَـدِم الوسـيلة للحصول على قوته اليومي بكد يمينه، إلا أنه من الضروري إنشاء مؤسسة خيرية ذات طبيعة رسـمية تلاحـق المتسولين، وتتأكد من أحوالهم المادية وصدق ادعاءاتهم، وتوقف الانتهـازيين بيـنهم، وتحـاول إيجـاد مصـدر كسب مشروع للقادرين على العمل بينهم، وتمنع استغلال الأطفال في أغراض التسول[1].

---

[1] وسام كنعان، التسول مرض نفسي أم نتاج لحالتنا الاقتصادية المتردية ؟، صحيفة النور 2005/2/17

يغرس الإسلام في نفس المسلم كراهة السؤال للناس، تربية له على علو الهمة وعزة النفس، والترفع عن الدنايا، وإن رسول الإسلام ليضع ذلك في صف المبادئ التي يبايع عليها صحابته، ويخصها بالذكر ضمن أركان البيعة. فعن أبي مسلم الخولاني قال: حدثني عوف بن مالك قال: " كنا عند رسول الـلـه -صلى الـلـه عليه وسلم- سبعة أو ثمانية أو تسعة فقال: "ألا تبايعون رسول الـلـه ـ صلى الـلـه عليه وسلم ـ"؟ ولنا حديث عهد ببيعة. قلنا: قد بايعناك! حتى قالها ثلاثا، وبسطنا أيدينا فبايعنا، فقال قائل: يا رسول الـلـه، إنا قد بايعناك فعلام نبايعك؟ قال: "أن تعبدوا الـلـه ولا تشركوا به شيئا، وتصلوا الصلوات الخمس، وتسمعوا وتطيعوا"، وأسر كلمة خفية، قال: " ولا تسألوا الناس شيئا" قال راوي الحديث: "فلقد كان بعض أولئك النفر يسقط سوطه، فما يسأل أحدا أن يناوله إياه" (رواه مسلم وأبو داود والنسائي وابن ماجة - كما في الترغيب والترهيب جـ2 باب: الترهيب من المسألة).

وهكذا نفذ هؤلاء الأصحاب الميامين مضمون هذه البيعة النبوية تنفيذا "حرفيا" فلم يسألوا أحدا حتى فيما لا يرزأ مالا، ولا يكلف جهدا، ورضي الـلـه عن الصحابة، فإنهم ما انتصروا على الناس إلا بعد أن انتصروا على أنفسهم، وألزموها صراط دينهم المستقيم.

وعن ثوبان مولى رسول الـلـه -صلى الـلـه عليه وسلم- قال: قال رسول الـلـه -صلى الـلـه عليه وسلم- : "من يتكفل لي أن لا يسأل الناس شيئا وأتكفل له بالجنة"؟ فقال ثوبان: أنا يا رسول الـلـه، فقال: "لا تسأل الناس شيئا"، فكان لا يسأل أحدا شيئا (رواه أبو داود – المصدر السابق -، وأخرجه البيهقي في السنن الكبرى: 4/197).

ولقد صور لهم النبي -صلى الـلـه عليه وسلم- اليد الآخذة بـ "اليد السفلى" واليد المنفقة أو المعطية بـ "اليد العليا"، وعلمهم أن يروضوا أنفسهم على الاستعفاف فيعفهم الـلـه، وعلى الاستغناء عن الغير فيغنيهم الـلـه، فعن أبي سعيد الخدري: أن ناسا من الأنصار سألوا رسول الـلـه -صلى الـلـه عليه وسلم- فأعطاهم، ثم سألوه فأعطاهم، حتى إذا نفد ما عنده قال: "ما يكون عندي من خير فلن أدخره عنكم، ومن يستعف

135

يعفه اللـه، ومن يستغن يغنه اللـه، ومن يتصبر يصبره اللـه، وما أعطي أحـد مـن عطـاء أوسـع من الصبر" (رواه الستة إلا ابن ماجة –

**العمل هو الأساس:**

لقد علم الرسول -صلى اللـه عليه وسلم- أصحابه مبدأين جليلين من مبادئ الإسلام:

**المبدأ الأول:** أن العمل هو أساس الكسب، وأن على المسلم أن يمشي في مناكب الأرض ويبتغي مـن فضل اللـه، وأن العمل -وإن نظر إليه بعض الناس نظرة استهانة- أفضـل مـن تكفـف النـاس، وإراقـة مـاء الوجه بالسؤال: "لأن يأخذ أحدكم حبله على ظهره فيأتي بحزمة من الحطب فيبيعها، فيكف اللـه بها وجهه، خير من أن يسأل الناس أعطوه أو منعوه" (رواه البخاري في أول كتاب "البيع" عن الزبير).

**والمبدأ الثاني:** أن الأصل في سؤال الناس وتكففهم هـو الحُرمـةُ، لما في ذلـك مـن تعـريض الـنفس للهوان والمذلة، فلا يحل للمسلم أن يلجأ للسؤال إلا لحاجة تقهره على السؤال، فإن سـأل وعنـده مـا يغنيـه كانت مسألته خموشا في وجهه يوم القيامة.

وفي هذا المعنى جاءت جملةٌ أحاديث تُرهب من المسألة بوعيد تنفطر له القلوب.

من ذلك ما رواه الشيخان والنسائي عن ابن عمر مرفوعـا: "لا تـزال المسـألةُ بأحـدكم حتـى يلقـى اللـه وليس في وجهه مزعة لحم ".

ومنها ما رواه أصحابُ السنن: "من سأل وله ما يغنيه جاءت يـوم القيامـة خمـوش أو خـدوش أو كدوح في وجهه"، فقيل: يا رسول اللـه! وما الغنى؟ قال: "خمسون درهما أو قيمتها ذهبا" (رواه الأربعة).

فالمسألة تصيب الإنسان في أخص مظهر لكرامته وإنسانيته وهو وجهه.

ومنها حديث: "من سأل وله أوقية فقد ألحف" (رواه أبو داود والنسائي).

والأوقية أربعون درهما.

ومنها حديث: "من سأل وعنده ما يغنيه. فإنما يستكثر من النار -أو من جمر جهنم- فقالوا: يا رسول الله وما يغنيه؟ قال: "قدر ما يغديه ويعشيه" (رواه أبو داود).

وهل المراد أن عنده غداء يوم وعشاءه؟ أم المراد أنه يكسب قوت يوم بيوم، فيجد غداءه وعشاءه على دائم الأوقات؟

لعل هذا هو الأرجح والأليق، فمثل هذا هو الذي يجد من رزقه المتجدد ما يغنيه عن ذل السؤال.

والعلاج العملي هنا يتمثل في أمرين:

أولهما: تهيئة العمل المناسب لكل عاطل قادر على العمل، وهذا واجب الدولة الإسلامية نحو أبنائها. فما ينبغي لراع مسئول عن رعيته أن يقف مكتوف اليدين أمام القادرين العاطلين من الموطنين، كما لا يجوز أن يكون موقفه منهم بصفة دائمة مد اليد بمعونة قلت أو كثرت من أموال الصدقات، فقد ذكرنا في مصارف الزكاة قوله عليه الصلاة والسلام: "لا تحل الصدقة لغني ولا لذي مرة سوي"، وكل إعانة مادية تعطى "لذي مرة سوي" ليست في الواقع إلا تشجيعا للبطالة من جانب، ومزاحمة للضعفاء والزمنى والعاجزين في حقوقهم من جانب آخر.

والتصرف السديد الواجب هو ما فعل رسول الله -صلى الله عليه وسلم- بإزاء واحد من هؤلاء السائلين.

فعن أنس بن مالك أن رجلا من الأنصار أتى النبي -صلى الله عليه وسلم- يسأله فقال: أما في بيتك شئ؟ قال: بلى: حلس (الحلس: كساء يوضع على ظهر البعير أو يفرش في البيت تحت حر الثياب). نلبس بعضه، ونبسط بعضه، وقعب (والقعب: القدح - الإناء). نشرب فيه الماء. قال: ائتني بهما، فأتاه بهما، فأخذهما رسول الله -صلى الله عليه وسلم- وقال: من يشتري هذين؟ قال رجل: أنا آخذهما بدرهم، وقال: من يزيد على درهم؟ -مرتين أو ثلاثا- قال رجل: أنا آخذهما بدرهمين، فأعطاهما إياه وأخذ الدرهمين، وأعطاهما الأنصاري وقال: اشتر بأحدهما

137

طعاما وانبذه إلى أهلك، واشتر بالآخر قدوما فائتني به، فشد رسول الله -صلى الله عليه وسلم- عودا بيده ثم قال له: اذهب فاحتطب وبع، ولا أرينك خمسة عشر- يوما فذهب الرجل يحتطب ويبيع، فجاء وقد أصاب عشر دراهم، فاشترى ببعضها ثوبا وببعضها طعاما، قال رسول الله -صلى الله عليه وسلم-: "هذا خير لك من أن تجئ المسألة نكتة في وجهك يوم القيامة. إن المسألة لا تصلح إلا لثلاثة: لذي فقر مدقع (والفقر المدقع: الشديد، وأصله من الدقعاء وهو التراب، ومعناه: الفقر الذي يفضي- به إلى التراب، أي لا يكون عنده ما يتقي به التراب)، أو لذي غرم مفظع (والغرم المفظع: أن تلزمه الدية الفظيعة الفادحة، فتحل له الصدقة ويعطى من سهم الغارمين، أو لذي دم موجع" (الدم الموجع: كناية عن الدية يتحملها، فترهقه وتوجعه، فتحل له المسألة فيها).

وفي هذا الحديث الناصع نجد النبي -صلى الله عليه وسلم- لم يرد للأنصاري السائل أن يأخذ من الزكاة وهو قوي على الكسب، ولا يجوز له ذلك إلا إذا ضاقت أمامه المسالك، وأعيته الحيل، وولي الأمر لا بد أن يعينه في إتاحة الفرصة للكسب الحلال وفتح باب العمل أمامه.

"إن هذا الحديث يحتوي خطوات سباقة سبق بها الإسلام كل النظم التي عرفتها الإنسانية بعد قرون طويلة من ظهور الإسلام.

إنه لم يعالج السائل المحتاج بالمعونة المادية الوقتية كما يفكر كثيرون، ولم يعالج بالوعظ المجرد والتنفير من المسألة كما يصنع آخرون، ولكنه أخذ بيده في حل مشكلته بنفسه وعلاجها بطريقة ناجحة.

"علمه أن يستخدم كل ما عنده من طاقات وإن صغرت، وأن يستنفد ما يملك من حيل وإن ضؤلت، فلا يلجأ إلى السؤال وعنده شئ يستطيع أن ينتفع به في تيسير عمل يغنيه.

"وعلمه أن كل عمل يجلب رزقا حلالا هو عمل شريف كريم، ولو كان احتطاب حزمة يجتلبها فيبيعها، فيكف الله بها وجهه أن يراق ماؤه في سؤال الناس.

"وأرشده إلى العمل الذي يناسب شخصه وقدرته وظروفه وبيئته وهيأ له "آلة العمل" الذي أرشده إليه، ولم يدعه تائها حيران.

"وأعطاه فرصة خمسة عشر يوما يستطيع أن يعرف منه بعدها مدى ملاءمة هذا العمل له، ووفاءه بمطالبه، فيقره عليه، أو يدبر له عملا آخر.

"وبعد هذا الحل العملي لمشكلته لقنه ذلك الدرس النظري الموجز البليغ في الزجر عن المسألة والترهيب منها، والحدود التي تجوز في دائرتها، وما أحرانا أن نتبع نحن هذه الطريقة النبوية الرشيدة! فقبل أن نبدئ ونعيد في محاربة التسول بالكلام والإرشاد، نبدأ أولا بحل المشاكل، وتهيئة العمل لكل عاطل"

ودور الزكاة هنا لا يخفى، فمن أموالها يمكن إعطاء القادر العاطل ما يمكنه من العمل في حرفته من أدوات أو رأس مال، كما بينا ذلك في مصارف الزكاة، ومنها يمكن أن يدرب على عمل مهني يحترفه ويعيش منه، ومنها يمكن إقامة مشروعات جماعية -مصانع أو متاجر أو مزارع ونحوها- ليشتغل فيها العاطلون وتكون ملكا لهم بالاشتراك كلها أو بعضها.

وثانيهما: -أعني ثاني الأمور التي يتمثل فيها العلاج العملي للمسألة والتسول في نظر الإسلام- هو ضمان المعيشة الملائمة لكل عاجز عن اكتساب ما يكفيه، وعجزه هذا لسببين:

(أ) إما لضعف جسماني يحول بينه وبين الكسب لصغر السن وعدم العائل كما في اليتامى، أو لنقص بعض الحواس أو بعض الأعضاء، أو مرض معجز... إلخ، تلك الأسباب البدنية التي يبتلى المرء بها، ولا يملك إلى التغلب عليها سبيلا. فهذا يعطى من الزكاة ما يغنيه، جبرا لضعفه، ورحمة بعجزه، حتى لا يكون المجتمع عونا للزمن عليه، على أن عصرنا الحديث قد استطاع أن ييسر بواسطة العلم لبعض ذوي العاهات كالمكفوفين وغيرهم، من الحرف والصناعات ما يليق بهم، ويناسب حالتهم، ويكفيهم هوان السؤال، ويضمن لهم العيش الكريم، ولا بأس بالإنفاق على تعليمهم وتدريبهم من مال الزكاة.

(ب) والسبب الثاني للعجز عن الكسب هو انسداد أبواب العمل الحلال في وجه القادرين عليه، رغم طلبهم له، وسعيهم الحثيث إليه، ورغم محاولة ولي الأمر إتاحة الكسب لهؤلاء. فهؤلاء -ولا شك- في حكم العاجزين عجزا جسمانيا مقعدا، وإن كانوا يتمتعون بالمرة والقوة؛ لأن القوة الجسدية وحدها لا تطعم ولا تغني من جوع، ما لم يكن معها اكتساب.

وقد روى الإمام أحمد وغيره قصة الرجلين اللذين جاءا يسألان النبي -صلى الله عليه وسلم- من الصدقة فرفع فيهما البصر وخفضه فوجدهما جلدين قويين فقال لهما: "إن شئتما أعطيتكما، ولا حظ فيها لغني، ولا لقوي مكتسب". فالقوي المكتسب هو الذي لا حق له في الزكاة.

وبهذا البيان يتضح لنا ضلال الكثيرين مما ظنوا أن الزكاة صدقة تعطى لكل سائل، وتوزع على كل مستجد، وظن بعضهم أنها تعين على كثرة السائلين والمتسولين الشحاذين! بل تبين لنا أن الزكاة لو فهمت كما شرعها الإسلام، وجمعت من حيث أمر الإسلام، ووزعت حيث فرض الإسلام أن توزع، لكانت أنجح وسيلة في قطع دابر التسول والمتسولين.[1]

## الأمية

واقع الأمية في الوطن العربي لا يبشر بالخير وتزداد الأمور سوءا وتعقيدا يوما بعد يوم، ذلك ما أشارت إليه آخر الإحصائيات والتي أكدت على أن معدل الأمية سوف يصل إلى 35.6 بنهاية هذا العام، وبالقياس لمعدل الأمية والذي لا يتجاوز 18% فقط نجد أنفسنا في موقف لا نحسد عليه، وعلى الرغم من الجهود العربية الكبيرة والتي تبذلها الحكومات والجمعيات والمنظمات المعنية بهذا الأمر منذ منتصف القرن الماضي إلا أنه لا يزال في الوطن العربي الكثير من الأميين، بل إن

---

[1] حسام الدين، مشكلة التسول وكيفية علاجها في الإسلام، مكتب اسلام أون لاين القاهرة، 2000/11/13م

أعدادهم في زيادة مستمرة، وقد أوضحت الدراسات أن هذا الوباء الأمـي منتشرـ في الـدول ذات الكثافة السكانية العالية، ويتركز تحديدا في خمس دول عربية تأتي مصر في مقـدمتها ثـم السـودان فـالجزائر فالمغرب ثم اليمن حيث تضم هذه الدول مجتمعة ما يقرب مـن 48 مليـون أمـي منهـا 17 مليـون في مصرـ وحدها.

فإذا نظرنا للوراء قليلا وتحديدا في عام 1970 حيث كان عدد الأميين في الوطن العـربي 50 مليـون، وفي عام 1990م وصل العدد إلى 61 مليون، أما في العام الحالي 2005م وصلت الأمية إلى 70 مليون أمي وقـد كانت المنظمة العربية للتربية والثقافة والعلوم قد وضعت منذ تأسيسها عام 1970م رؤية مستقبلية واضحة لمحاربة مرض الأمية ضمت أول استراتيجية لمحو الأمية في البلاد العربية عام 1976م، كـما أنشـأت الصـندوق العربي لمحو الأمية وتعليم الكبار عام 1980م، وفي الآونة الأخيرة وضـعت أيضـا اسـتراتيجية تعلـيم الكبـار في الوطن العربي و>الخطة العربية لتعليم الكبار< وتبلغ ميزانية هذه المنظمة التابعة لجامعـة الـدول العربيـة ومقرها في تونس 17 مليون دولار تم المصادقة عليهـا وإلى جانـب هـذه المنظمـة العربيـة هنـاك إتجاهـات حثيثة داخل الدول العربية نفسها من قبل الحكومات والمنظمات الحكومية وغـير الحكوميـة والتـي تسـعى للقضاء على الأمية، وليس فقط أمية القراءة والكتابة ولكن القضاء عـلى الأميـة بكـل صـورها أميـة سياسـية ثقافية، اجتماعية، اقتصـادية تكنولوجيـة معرفيـة فهـي تبـدأ بالأبجديـة وصـولا إلى قمـة المعرفـة والمسـتوى الحضاري الذي يؤهلهم لمواصلة التعلم وتطوير مهاراتهم وقدراتهم ليصبحوا أعضاء مشاركين في التنمية.

## جهود عربية

وفي هذا الإطار يقول د. ضياء رشوان بالأهرام الاسـتراتيجي بـأن لـيس هنـاك تقـاعس مـن جانـب الدول في العالم، ولكن يمكن أن نقول إن هنـاك عـدم اهـتمام كـافي، وعـدم تخصـيص مـوارد ماديـة وبشرـية بالحجم المناسب للقضاء على الأمية، وذلك

يرجع إلى الكثير عن المشكلات الأخرى التي تواجه العالم العربي ومشكلة الأمية مشكلة من ضمن المشكلات، ولسيت هي الوحيدة ويمكن أن نقول أن التعامل هنا بخفة وليس بجدية فيجب وضع حل بشكل حاسم ونهائي لهذا المرض، مشيرا إلى أن زيادة العدد في الوطن العربي من الأميين ليس هو المشكلة الأساسية، فهناك زيادة في عدد السكان أيضا فالأهم هو معرفة نسبة الأميين لعدد السكان فمثلا عدد السكان في العالم العربي عام 1970م كان حوالي 100 مليون نسمة وكانت نسبة الأمية 50% أما في الوقت الحالي فعدد السكان في العالم العربي ما يقرب من 280 مليون نسمة، ونسبة الأمية 25%، إذن هناك انخفاض ملحوظ في النسبة وهذا إن دل على شيء فإنما يدل على مدى الجهود العربية المبذولة في محاربة وباء الأمية، سواء على المستوى العربي ككل أو على المستوى الداخلي للدول وأضاف إلى أن الفئات الأضعف اجتماعيا هي الأكثر إصابة بمرض الأمية، والفئات الاجتماعية الأضعف تشمل المرأة إلى جانب الفقراء وليس المرأة فقط.. فأصحاب الفئات الاجتماعية الأضعف دائما ما يتهرب أبنائهم من التعليم سعيا وراء الحرف اليدوية لكسب المال ومساعدة الأسرة أما بالنسبة للمرأة فإنه من المؤسف أن تكون ضم الفئات الاجتماعية الأضعف لأن لها دور واضح يؤكده الدين والعرف والمجتمع في بناء أمة صالحة، فهي عضو أساسي من أعضاء المجتمع وليس عضو مكمل. ويؤكد على أن الدول ذات الكثافة السكانية هي الأكثر إصابة بمرض الأمية، فهذا من الأمور الطبيعية فدولة مثل الصومال وموريتانيا لا يمكن أن نتحدث فيها عن عدد فإن الدول الأكبر عددا عليها أعباء اقتصادية لمواجهة العدد الكبير من السكان وخاصة تقديم الخدمات بالأخص أن هذه الدول ليست ذات موارد أكبر فهي تعاني في حل المشكلة.

### معتقدات ثقافية

ويقول د. رأفت رضوان رئيس الجهاز المركزي التنفيذي لتعليم الكبار بأن مشكلة الأمية كبيرة وليست سهلة فهي تعد عار على جبين كل شخص عربي متعلم

بأن يكون بجواره شخص أمي ولا يستطيع محو أميته، فنحن نتكلم عن أمية أبجدية والعالم في وقتنا الحاضر يتكلم عن أمية تكنولوجية ومعرفية فكيف نحقق التنمية في عالمنا العربي ونحن ما زلنا نعاني من وجود مرض الأمية ومن السهل معالجته.

وقد أشار إلى أن عدم إتاحة الفرصة خاصة للفتيات للتعلم في كثير من القرى والنجوع والكفور هو من أحد الأسباب الحقيقية لارتفاع نسبة الأمية في مصر وفي العالم العربي فإن المسئولية الحقيقية للقضاء على الأمية تقع على أكتاف المتعلمين خاصة في القرى، لأن ارتفاع نسبة الأمية ينبع من داخل القرى وليس المدن فإن هناك مناطق لديها ظروف ومعتقدات ثقافية تقلل من فرص التعليم، وخاصة عند الفتيات بعد سن التاسعة وهو ما يفسر ارتفاع نسبة الأمية بين الإناث بالإضافة إلى تسرب الأطفال من التعليم إلى جانب عدم الاستيعاب الكامل لهن وأيضا العامل الاقتصادي والذي غالبا ما تكون ضحيته الإناث الصغار في السن فلابد من وجود عقيدة حقيقية وإيمان كامل بحل المشكلة.

وعلي الرغم من الجهود المبذولة من قبل المنظمة العربية للتربية والثقافة والعلوم وأيضا الجهود المبذولة من قبل الهيئة إلا أن نسبة الأمية في تزايد مستمر لأن العبء لا يقع وحده على هذه الجهات، بل هناك أعباء أخرى منها عدم الرغبة من قبل الكبار في محو أميتهم، والاتجاه إلى الفصول التعليمية للتعلم، وهناك قصور ملحوظ في شباب الجامعات في التعليم ومكافحة الأمية لعدم الرغبة عند الكبار والقصور عند المتعلمين هما السبب الأول في استمرار التزايد في عدد الأميين، وقد أكد د. رضوان على أن القضية ليست من المحال حلها، فإذا تضافرت كل الجهود سواء المؤسسات الحكومية إلى جانب الأشخاص المتعلمين لا تكون هناك مشكلة في الأصل فالحل معروف وموجود ولكنه يسير ببطء!

### الأمية الجنسية

ويؤكد كرم سعيد باحث سياسي بأن المجتمعات العربية تعاني من حالة أمية

كبيرة في وسط مجتمعاتها والأمية هنا ليس المقصود بها الأمية الأبجدية فهي شيء مقدور عليه، ومصر وباقي الدول العربية تبذل جهودا كبيرة واضحة للجميع للقضاء على مرض الأمية الأبجدية ولكن المشكلة هنا هي مدى شيوع الأمية السياسية والثقافية والاجتماعية حتى الأمية الجنسية فنحن متهمون من قبل العالم الخارجي بالقصور الشديد في الأمية بشكلها الأعم، وهذا يرجع في إشارة منه إلى المناهج التعليمية العربية فهي ليست ذات سياسة مرسومة بدقة، حيث نرى كل فترة تغير مستمر في السياسات التعليمية فهي غير مستقرة والدليل على ذلك التقرير للتنمية البشرية الصادر عن الأمم المتحدة الذي أشار إلى مدى الفجوة المعرفية التي تعاني منها المجتمعات العربية فهو يعد مؤشر خطير على مدى التراجع الملحوظ في المستوى المعرفي والتكنولوجي للعالم العربي فبالطبع أن التقدم المعرفي هو أساس نهوض أي مجتمع من المجتمعات وأضاف بأن المجتمعات العربية في حاجة إلى رؤية هذا الجزء الخطير حتى تستطيع أن تواكب مسيرتها في التنمية والتطور، وأن تسير من خلال خطط مدروسة للقضاء على الأمية بشكلها الأعم والأوسع فالأمية الأبجدية بدأنا نشهد تقدما ملموسا في العمل على تخفيض نسبة معدلات الأمية نتيجة لتفعيل الاستراتيجية العربية المشتركة والالتزام بتطبيق كافة بنودها، وتحقيقا لهذه الأهداف والأماني المرتقبة وتقديرا من المنظمة العربية للتربية والثقافة <الالسكو> على الجهود المبذولة من جانبها لمحو الأمية العربية.

### سلطنة عمان

ويشير مصطفى عبدالحافظ بمركز دراسات الخليج أن هناك قناعة بأن الأمية تعد عائقا يحول دون إحداث التنمية المتوازنة والفعالة وكيفية مسايرة العالم الخارجي الذي يسير بسرعة فائقة في التقدم التكنولوجي والمعرفي، ونجد أن العالم العربي يحاول جاهدا القضاء على هذا الوباء من خلال مؤسساته الحكومية والغير حكومة

وأجهزة الإعلام المرئية والمقروءة بالإضافة أيضا إلى التوعية بخطورة هذا المرض من خلال النـدوات والمحاضرات التي يقوم بها المتخصصون في هذا المجال، والجهات ذات الصلة بالتربية تعميقا للوعي بالقضية ودعما لوسائل العمل في مجال التنمية الشاملة فنذكر على سبيل المثال لا الحصر دول عربية حققت نجاحـا ملحوظا في القضاء على مرض الأمية أولها مصر ـ التي اتخذت بعض الإجراءات القانونيـة حيـث لابـد مـن استخراج شهادة محو الأمية في كثير من المجالات، باعتبار أنها وسيلة للمرور في الحياة وهناك أيضا الاهتمام الإعلامي الكبير بقضية الأمية وتشجيع الشباب المتعلم على محو الأمية، وتكوين الفصول الليليـة لمحـو أميـة الكبار وهناك أيضا سلطنة عمان حيث هناك اهتماما جادا واستهدف في المقام الأول تحقيق مبـدأ >التعلـيم للجميع< وذلك من خـلال تنسـيق الجهود مـع كافـة الـوزارات والهيئـات والمـنظمات ذات الصلة بالتربيـة والتعليم والتي كان من نتائجها حصول سلطنة عمـان عـلى الجـائزة الأولى عـلى مسـتوى العـالم العـربي عـام 1997م تقديرا لجهودها المتميزة في هذا المجال وهذا يدل على مدى الاهتمام العربي بهذه المشكلة وإنهـا تسعى جاهدا لتنفيذ الخطط الموضوعة للقضاء على هذا المرض وقد أكد على أن عملية القضـاء عـلى الأميـة تتم على المدى الطويل وليس القصير فمحاولة إقناع كبار السن بالعودة إلى التعليم أمر صعب ولكن ممكـن تحقيقه بتكثيف الجهود أكثر وأكثر.[1]

---

[1] محمد مهدي، الأمية، وكالة الصحافة العربية، صحيفة الشبيبة، 2005/5/20م

# قائمة بأهم المراجع


- ألن ديفيد سميث، تقرير خاص عن : عولمة الفقر والارتباط الجوهري بين الديمقراطية والتنمية في دول العالم الثالث، م مجلس الأمة الكويتي، 2002م.
- تقرير اليونيسف\"التقدم من أجل الأطفال\" أُطلق عالميا،10 أكتوبر 2004
- تقرير عن شبكة سي ان ان الإخبارية. 2002/8/18م.
- جريدة الوطن الأحد 24 شعبان 1427 هـ 17 سبتمبر 2006 م.
- حسام الدين، مشكلة التسول وكيفية علاجها في الإسلام، مكتب إسلام أون لاين القاهرة، 2000/11/13م
- حسن حبيب، التصحر والدور المنشود للأفراد، ورقة عمل، الندوة الثانية لجمعيات المكتبات في بلاد الشام 19 حزيران 2001 م.
- خضير النداوي، (بحث) صحيفة كتابات (م) حزيران 2005
- الشبكة العربية لهدرولوجيا المياه، تقرير جامعة الدول العربية، القاهرة.
- صحيفة الوطن الثلاثاء 19 شعبان 1427 هـ 12 سبتمبر 2006
- عامر ذياب التميمي، مجلة المجلة، 2006/9/12
- عبد العزيز سليمان، جريدة الوطن -الإثنين 25 شعبان 1427 هـ 18 سبتمبر 2006
- فتحي البعجة، صحيفة ليبيا اليوم، 8 مايو 2006م.
- فيصل بعطوط، ميدل ايست أون لاين، 2005/4/5م.
- محمد احمد النابلسي،أستاذ الطب النفسي – لبنان، ورقة مقدمة الى مؤتمر اتحاد العربي للجمعيات غير الحكومية لمكافحة الإدمان/القاهرة2001

- محمد سيد بركة، هل ندع الغد يصنع بـدوننا ؟ مفكـرة الإسـلام 231 ربيـع الثـاني 1427هــ - 21 مـايو 2006م
- محمد عوض، الفقر العربي، جريدة الوطن الثلاثاء 19 شعبان 1427 هـ 12 سبتمبر 2006
- محمد مهدي، الأمية، وكالة الصحافة العربية، صحيفة الشبيبة، 2005/5/20م
- مزن مرشد، مركز عمان لدراسات حقوق الانسان شبكة الاردن للتنمية 2004
- المشروع العربي للحد من ظاهرة أطفال الشوارع ـ لندوة بيروت 12/09/2004
- منتدى العالم الإقتصادي، القدرة التنافسية للعالم العربي، جنيف 9 سبتمبر 2003
- مؤتمر القمة العالمي للتنمية المستدامة (الإعلان العربي) 26 أوغسطس - 4 سبتمبر 2002
- هجرة العقلول، تقرير، (م) البلاغ المصرية.
- وسام كنعان، التسول مرض نفسي أم نتاج لحالتنا الاقتصادية المتردية ؟، صحيفة النور 2005/2/17.
- يسري الهواري، فجوة التقنية في العالم العربي، مجلة المجلة، 2005/11/30

## د. صالح الشادي.

- مواليد وادي السرحان القريات - السعودية.

- بكالوريوس تاريخ حديث ومعاصر، جامعة الملك عبد العزيز بجدة.

- ماجستير في التاريخ الحديث، الجامعة الأردنية - عمان.

- دكتوراه فلسفة، الجامعة الأردنية - عمان.

- المشرف العام على المركز العربي للثقافة والإعلام في الأردن.

- رئيس مجلس إدارة دار المصدر الدولية للإعلام - لندن.

**من إصداراته:**

- للوطن/ شعر.

- الجنادرية، تاريخ وفكر وهوية..دراسة في الفكر الاجتماعي.

- مساء الأرانب..مقالات.

- نحو الجادة..

- ضريبة الغباء.

- سلطة إبليس (رؤية إسلامية).

- عزازيل الذي أبلسه الله.

- الناس والخناس.

- الجن عالم آخر.

- لا يفلح الساحر.

- رسول الشيطان.

- إنك ميت.

- فلسفة الفتوح العربية..دراسات في التاريخ الإسلامي.

- الدولة، نشأتها وتطورها، دراسات في الفكر السياسي.

- الغرب والإسلام..دراسات في التاريخ المعاصر.

- نون الدجى (شعر).

149

- أكاذيب الرجال (شعر).

- لا يفترسك البرد..(شعر نبطي).

- مشكلات عربية.

- على العتبة (ديوان شعر).

- من يسرح بالحمير؟ فلسفة.

- المنسيون.

- الثقلان (رواية).

- هواجس الوحدة.

العنوان الإلكتروني

smamsi@hotmail.com

150